U0098969

魅力人生很簡單

成功學大師**卡內基**寫給女人的**快樂魔法書**

戴爾．卡內基◎著　亦辛◎編譯

前言

作為著名的成功學大師，戴爾．卡內基被稱為美國現代成人教育之父、人性教父，他一生致力於人性問題的研究，運用心理學和社會學知識，對人類共同的心理特點進行探索和分析，開創並發展了一套獨特的融合演講、推銷、為人處世、智慧開發於一體的成人教育方式。

千千萬萬的社會各界人士從卡內基的教育中獲得成長，其中不乏軍政要員，甚至包括幾位美國總統，當然，也包括許多女性，她們從此擺脫了憂鬱、自卑、狂傲，戰勝了沮喪、畏懼、磨難，她們從此開始注意自己的形象，開始掌控自己的情緒，開始增強自己的吸引力，開始在說話辦事時講究方法和策略，開始在辦公室中嶄露頭角。正是這種積極主動、樂觀向上的態度和行為，使得她們感知幸福和快樂的觸覺變得靈敏，從而讓幸福和快樂時刻縈繞在自己身旁。

本書力求從女人如何增加魅力指數，如何掌控自己的情緒，如何做到成熟穩重，如何幫助自己的丈夫走向成功，如何在交際中勝出，如何在職場上成功等方面指導女性全面提升自己，成就輝煌的事業，獲取幸福的婚姻，開創嶄新的人生。

閱讀本書，雖然不能讓你馬上獲得幸福和快樂，但是，卻能夠讓你找到尋求幸福和快樂的良方。所以，如果你正在苦苦追求幸福和快樂，就一定要走進本書，身臨其境後你才會發現：「這正是我一直想要的幸福快樂書！」

這是一本送給所有渴望獲得幸福和快樂的女性的心靈聖經，真心希望走進本書的每一位女性都能夠敞開自己的心扉，接受所謂的不幸，改變不盡如人意的現狀，收穫那企盼已久的幸福和快樂。

目錄

C·O·N·T·E·N·T·S

目錄

第1章

提升自己的魅力值

做女人，魅力比美麗更重要。一個幸福的女人，不一定有漂亮的臉蛋，也不一定有完美的身材，但她一定有優雅的舉止，得體的打扮，卓越的性格，迷人的神態，暖人的柔情……

舉手投足盡顯風雅

我曾經在德州舉辦過一個主要講授如何與人相處的培訓班，記得那天，我獨自一個人坐在辦公室裡思考問題，正想得入神時，一陣急促的敲門聲打斷了我的思緒。還沒等我開口說「請進」，一位漂亮的女士就風風火火地闖進來。

漂亮女士進門以後，快步地走到我面前，順手拉了一把椅子坐下來。沒等我開口，她便說：「您就是卡內基先生吧？我遇到一些小麻煩需要您的幫助。」我先是愣了愣，接著點了點頭：「是的，您好女士，不知道我有什麼可以為您效勞的？」「我在學校是學文書處理的，專業知識算學得很好，我也認為自己非常適合從事秘書這個工作。可我不明白，為什麼至今仍然沒有人願意雇用我。」

就在她和我說話的時候，我仔細地對她做了一番打量，我發現這位漂亮的女士在舉止上有很多不合宜的地方。比如說，她坐下來以後，身體一直靠在椅子上，而且是傾斜的；她的腿在不停地抖動著，在和我說話的時候眼睛沒有看過我，四處游離著；她的雙手也不知該放到什麼地方，一直在動。最讓人受不了的是，這位漂亮的女士偶爾還會挖挖耳朵。這真是和她美麗的外貌形成了鮮明的對比。

在聽完女士的抱怨以後，我問她：「請問女士，您認為一名合格的秘書應該具備什麼樣的素質呢？」女士想想之後，滿不在乎地說：「這簡單啊，有專業知識，會快速打字，當然漂亮和氣質也是不可少的。」我滿意地點點頭，順著她的回答說：「那您說說什麼是氣質呢？」女士猶豫片刻後說道：「這……應該是一種能讓人看起來很舒服的東西吧。喂！卡內基先生，您這是什麼意思？難道您不覺得您這個樣子很不得體嗎？」

是的，就在她說話的時候，我故意做出挖鼻孔的動作，並且把腳放到辦公桌上。漂亮女士明顯對我的行為無法容忍，有些激動地說：「卡內基先生，一個有身份地位的人怎麼可以做出這樣的行為呢？您要知道，這些小舉動將會影響到您在我心目中的良好印象。」聽完這話，我馬上恢復到原來的樣子，嚴肅地對她說：「女士，您說得很好，您也看到了，我相信，沒有人願意要我這樣的人做員工的。因為我剛才的樣子看起來很讓人生厭，不是嗎？不過女士，我也不得不告訴您，我剛才之所以那樣，是想讓您看看您的舉動在別人眼裡的樣子。」女士聽完我的話，顯得有些臉紅了，但也沒說什麼。我想她也知道自己的確是有這方面的問題。接著她點了點頭說道：「謝謝您，卡內基先生，我知道我的問題出在哪裡了！」

後來聽說，那位漂亮的女士參加了一個禮儀訓練班。現在，她已經如願以償地成為一家大公司的秘書，而且因為充實的專業知識還做得非常不錯。

女士們，你們思考問題的時間到了。那位漂亮女士之前總是找不到合適的工作，而在她參加完禮儀訓練班之後就順利地找到工作，難道是因為她的專業能力提升了嗎？顯然，答案是否定的。因為禮儀訓練班不會教她如何當好一個秘書。而事實是，因為那位女士通過培訓班改變了自己很多不得體的儀態，所以最終改變了自己的命運。我相信，有很多女士都希望自己不管走到哪裡都能獲得所有人的青睞，為此她們不惜花費大量的金錢和精力來改變自己的外貌。昂貴的化妝品、塑身衣、性感的絲襪、漂亮的衣服、價格不菲的首飾……這些東西成為女士們的首選。很多女士都認為，穿著性感、周身珠光寶氣、臉上濃妝豔抹，這樣的女人就是有魅力。

其實，這是女性普遍存在的一個錯誤觀念。當然，我得澄清，我並不否認外貌的重要性。而且事實上，一個漂亮迷人的女人的確要比一個相貌平平的女人更容易獲得別人的好感，但我不知道女士們是否知道芝加哥大學心理學院的教授盧克斯・托勒曾說過：「不同的人對美的認識會有不同的見解，可以說每個人的審美觀念都是不同的。但是，所有人在對事物美醜進行評價的時候，都會考慮它的內在以及外在兩個方面。多數人存在這樣一個錯誤的觀念，他們認為人的內在美和外在美是兩個互不相關的部分。然而實際上，它們之間卻是有著密切的關聯。通常，人們都是以外在的形式來表現自己的內在美，也就是通過外在的接觸來感覺到對方的內在美。對於任何一個女人來說，都希望自己充滿魅力，所以外在的表現形式被女士們非常看重。但是，女士們也應該知道，這不僅僅是通過化妝和穿衣就能表現出來的。」

盧克斯教授在說這番話的時候，我是台下的一名聽眾。等到演講結束之後，我專程拜訪了他，並和他就「美」的問題進行了深入探討。我問教授：「您在演講中提到的『用外在形式來表現內在美不僅僅是通過化妝和穿衣』究竟是什麼意思？」教授笑了笑說：「戴爾，難道你也不明白嗎？很簡單，我說的那種內在美，通俗一點說也就是氣質，而所說的外在的表現形式，也就是人們在日常生活中的一舉一動，也可以說是舉手投足這些動作。」

不得不承認，盧克斯教授說的這一點的確很重要，而且它也往往容易被女士們所忽視。實際上，真正能展現女士內在氣質的，確實是在舉手投足之間。英國著名演員卡瑟琳・羅伯茨塑造的女王、貴婦的形象在影迷們心中不可動搖，原因很簡單，就是因為她塑造的都是諸如王公貴婦、豪門千金這一類的角色。雖說受過專業的訓練，可是這些角色的確是不太好處理的，因為貴婦、千金這一類角色對演員的要求極高，她們不僅需要有美麗的外表，更重要的是必須能夠演出角色高貴的氣質。卡瑟琳・羅伯茨只是一個普通農民家庭的孩子，如此完美的表演，她是如何做到的呢？

有一次，我有幸到倫敦去採訪這位著名的演員，我就自己的好奇進行了提問。卡瑟琳當時給我的回答是：「的確，在進入演藝圈以前，我只是一個農民家庭的孩子，我的家庭和我之後演繹的角色出入是很大的，我記得第一次接到這類角色的時候，說真的，心裡害怕極了，因為我沒有過過那樣的生活，我根本不知道自己應該怎麼去演。我不希望觀眾認為電影裡那個人只不過是一個穿著華麗衣服的鄉下女孩。為了讓自己演得逼真一些，我開始留心觀察那些真正的貴婦人。」

「剛開始的時候，我以為只要留心她們的衣著打扮、言談舉止就行了，可是後來發現那些對我根本沒有什麼幫助。因為儘管我已經努力去模仿這些了，但在別人眼裡，我仍然是一個下層社會的人。後來，我就開始更細緻地觀察她們，我發現那些貴婦人和豪門千金，雖然有時候穿的是很普通的衣服，但還是能看出她們與眾不同的社會地位。這時，我終於明白了，原來這些人真正的魅力是體現在舉手投足之間。很多時候，一個非常細微的動作，就能夠完美地體現出她們無盡的風雅來。於是，我開始學習她們的一舉一動，而且還特別參加了一些禮儀培訓。最後，也就是現在，演繹那些角色對我來說，就像是在演我自己的生活。」

卡瑟琳真是一個聰明的女人，她不僅發現了一條讓自己躋身上流社會的途徑，而且也完成了自己完美的蛻變。我們不能否認，真正的貴族不能僅僅以財富、金錢和地位來衡量，他們最顯著的標誌是他們身上像是與生俱來的特有氣質。一個家族的氣質並不是一代或是兩代人就能塑造出來的，那是經過了上百年的積澱而成的。同樣的道理，你不可能在短時間內學會人家這種經過幾代人演變出來的內涵，但你卻可以像卡瑟琳那樣通過訓練，讓自己在舉手投足之間顯露出風雅來。我想，女士們現在一定是迫不及待想要知道究竟該怎樣去做了。我這裡有一些意見和方法，也許會對你們有幫助。第一點，也是最重要的一點，一個有品味、有氣質的女人，首先要學會的就是相信自己。也就是我們通常說的，要有自信。一個沒有自信的女人，是沒有勇氣，也沒有能力去面對現實的，更不要說去培養自己的氣質了。第二點，女士們，請你們多去翻閱一些專業書籍，例如禮儀、形體訓練的書籍，我相信這會對你們有很大的幫助，另外，參加一些專業的培訓也是很好的方法，在此，我就不做詳細的指導了。

最後，女士們要知道的是，做好自我保健也是必不可少的。

女士們，要想成為別人眼中耀眼的明星，要想讓自己受到大家的歡迎，那麼就請不要再為自己平庸的外貌感到焦急。請相信我，非凡的品味和氣質，就足以讓你成為有魅力的女人。

也許有的女士會覺得自己沒那麼多空餘時間去做訓練，參加培訓，想要問我有沒有什麼更快捷的方法讓自己氣質非凡。當然，我的秘訣就是，你得在心裡告訴自己：「我想要獲得別人的青睞，我要成為有魅力的女人，因此我必須注意自己的儀態。」然後，在電視上，在生活中，甚至可以在雜誌上，關注一些有關禮儀的東西，注意並記下它們，然後要找一面能照全身的鏡子，在鏡子面前模仿你看見的各種動作，直到自己滿意為止。這樣不會浪費你很多時間，每天晚上睡覺前做半個小時就足夠了。

最後，我想提醒各位女士，請你們一定要注意自己平時的一些習慣性動作。很多時候，這些小動作會讓你遠離「風雅」。我相信，只要你有想要變得優雅的決心，並且堅持儀態的學習訓練，那麼你就一定會成為一個風雅迷人的氣質美女。

魅力女人有格調

那是幾年前的事了，一天，我的一位朋友打電話給我，邀請我去參加他舉辦的晚宴，並一再要求讓我一定帶上我的妻子陶樂絲。我的這個朋友是一位有社會地位的政界要員，他的宴會我去過幾次，每一次都有很多有身份、有地位的人。我愉快地把這件事告訴我的妻子，並且邀她前去，可是她表示不願意。我知道她不是真的不想去，只是因為她對自己沒有信心。

說真的，我的陶樂絲說不上是美女一級的女人，但我一直都認為她是世界上最有魅力的女人之一。不是因為她是我的妻子我才這樣說。我的陶樂絲真的是一個非常有內涵，而且很善於社交，很懂得禮儀的女人。只可惜，她自己不這麼認為，她一直就覺得在我身邊的女人應該是那種既漂亮又迷人的時尚高眺美女，而不應該是她這樣相貌平庸的家庭主婦（當然這只是她個人的看法）。但是最後，經過我一再勸說，陶樂絲還是答應和我一起去。

不過，她說她會儘量不和別人說話，因為她怕說得不好，會有失禮儀。

當我們到達宴會地點的時候，宴會已經開始了。和前幾次一樣，來參加宴會的人大都是政界要員，而且他們身邊的女伴都很漂亮迷人。在這花叢之中，有一位女士吸引了在場很多人的目光。長得漂亮，這是當然，可太突出的主要原因還是因為這位女士太「與眾不同」了。

我相信所有的女士都知道，如果有人邀請你們參加一場比較正式的宴會，那麼你們首先考慮的一定是服裝問題，即使不能穿上很正規的晚禮服，也肯定會選擇儘量讓自己看起來優雅、迷人的服裝。簡單點說，起碼也得是比較正式的服裝。然而，這位「時尚」女士顯然不這麼認為。她上身穿著一件吊帶襯衫，領口開得很大，下身穿著一條迷你裙，同時還配了一雙掛滿小飾品的長靴。我不知道該怎樣評價這位女士的裝扮，但是我想，也許她去夜店的話大家就不會用這樣的眼光看她了。

在宴會上，那位女士真可謂是「出盡風頭」。她喝得酩酊大醉，還拿著食物四處亂走。她幾乎和在場的所有男士都碰過杯，並且和他們親切地交談。看得出來她很放得開，因為所有人都注意到她有好幾次都毫無顧忌地抬高了腿，還有好幾次很自然地倒在男士們的懷裡。那場宴會，大家似乎都被這位瘋狂的女士攪得沒有了興致，而我也覺得，這是我參加過的最糟糕的宴會。

晚宴結束回到家裡後，我問陶樂絲：「親愛的，你說今天晚上那位瘋狂的女士漂亮嗎？」她點了點頭，說：「嗯，戴爾，我承認那位女士是一位少有的美人。可是，不知道為什麼，我覺得自己不能把她和真正意義上的美聯繫起來。」我知道陶樂絲說的是真心話，她是一個不願意批評別人的人，我接著她的話說道：「是的，親愛的，我想的和你一樣。那位女士真的很漂亮，但卻沒有充滿魅力的靈魂。所以，她算不上是有魅力的女人，你看她讓大家都沒了興致，而我的陶樂絲，格調優雅，儀態迷人，你才是我心目中今天晚上的女王。」

當然，我得承認，我當時說的話在一定程度上是在恭維我的陶樂絲，雖然我認為它的確是事實。我想說的是，女士們，我能理解對於每一個女人來說，美這個東西永遠是無止境的。的確，對於所有人來說，美都會使他們心曠神怡，而女性是最好的展現美的對象。仔細想想，那些藝術家們無不津津樂道於用女性的身體和各種形式來表現他們對於美的理解。然而對於一個女人來說，擁有美麗的外表、迷人的姿態固然重要，但是只有擁有了高雅的風姿，才會真正給人留下視覺和心靈的美感，才會讓人覺得你很有品味，是一個有格調的女人。沒有哪個女人不希望自己能夠成為眾人眼中的「佼佼者」，這是人的天性，更是女人的天性。我很清楚，女士們都希望能夠得到異性的稱讚，還有同性的羨慕。只是很多女人卻始終認為自己沒有這個能力，因為她們的外表和我妻子一樣平凡。我要對她們說的是，沒人可以選擇自己的外表，因為那是天生的，但你卻可以通過訓練讓自己魅力四射。

事實也是如此，外貌會隨著時間的流逝而失色，是不能長久的東西。一個真正迷人的女人不一定要擁有漂亮的臉蛋，但卻一定要擁有迷人的風姿和高雅的格調。你不相信？難道你想做像上面例子中那位女士一樣「豪放」的女人？我知道你們一定不願意。女士們，我得告訴你們，不要太在乎自己的外表。請相信我，最有魅力的女人，一定是擁有迷人的氣質、格調高雅的女人。

也許你只是公司的一名小職員，又或者你只是一名普通的家庭主婦，因此你就覺得自己不需要培養什麼魅力，也沒有必要搞什麼格調。你認為對於你來說，每天的生活十分枯燥乏味，所謂的魅力、格調根本派不上用場。不，女士們，請你們千萬不要這樣想，這是一個十分錯誤的想法。事實上，一旦你擁有了氣質、魅力、格調之後，你才會發現，生活開始變得不一樣。因為只有這樣的女人才會受到人們的歡迎，你才有機會享受到不一樣的生活，甚至因此而取得事業上的成功。

美國一家大公司的公關禮儀顧問大衛斯先生曾經說：「我培訓過很多的公關人員，我發現一個很普遍的現象，那就是差不多所有人都認為擁有漂亮的臉蛋、迷人的身材，對於一位公關人員來說是最重要的事，因為人們都喜歡和一個容貌姣好的人打交道。我不否認這種說法，但是通過我這些年的經驗看來，我認為一個公關人員最重要的素質並不是外表，而是她們內在的氣質。第一印象固然重要，但如果接觸以後，你發現在你面前的是一個不懂禮貌、說話粗俗、舉止輕浮的人，那麼我相信你絕對不會對她產生任何好感。相反，如果對方雖然相貌平庸，但卻有著非凡的魅力、不俗的談吐，那麼我相信你肯定樂意與她繼續交談下去。」

卡洛琳女士個子不高，皮膚黝黑，臉上還長滿了雀斑，牙齒有些發黃，五官平凡，讓人看了以後不會有很深的印象。我想說的是，她是紐約一家保險公司的高級講師，二十八歲，中學學歷，就是這麼一個普通得不能再普通的女子，半年的時間，她從一個普通業務員變成了一名高級講師，並且擁有十萬美元的年薪。

卡洛琳女士成功的過程讓我十分感興趣，所以我特別去採訪了那家保險公司的一些工作人員以及聽過卡洛琳講課的一些學員。我問他們為什麼覺得卡洛琳很迷人時，大家的答案幾乎是相同的：「卡洛琳女士雖然算不上漂亮，但她卻是一個很有魅力的女人。她有很吸引人的地方，讓我們覺得癡迷。在卡洛琳身上你會體會到一些很奇特的東西，她能讓你體會到什麼是氣質，什麼是美感。聽她講課你不會覺得是在接受什麼訓練，反而會覺得是和一位迷人的女士在做一件非常愉快的事情，也正是這種感覺，讓我們不再對保險業務有那種厭惡和警惕之心。」

當我採訪卡洛琳時，我問她是怎麼看待這一問題的，她回答：「卡內基先生，我認為女人就好比是一個瓶子。不能否認，一個外表有著絢麗色彩的瓶子會給人一種美感，也會讓人一見它便產生怦然心動的感覺。但是，如果這個漂亮的瓶子裡裝的是污水或穢物的話，那麼我想人們也會覺得倒胃口；而一個外表普通卻裝滿美酒的瓶子，我想它一定會讓人們陶醉其中。女人的外表就像是花瓶，而氣質才是瓶中所裝的東西。溫文爾雅的儀態、得體大方的氣質就是美酒，會讓所有人對其產生愛慕之情，當然其中也包括同性。不但如此，這樣的儀態和氣質還會讓你獲得一種非凡的品味，讓人們覺得你很有格調。」又是一個聰明的女人！卡洛琳女士說得很對，一個擁有高雅格調的女人一定會獲得別人的好感，也會相對容易取得他人的信任。我想，沒人願意做一個徒有外表卻裝滿污水，不受人歡迎的花瓶。

我認識一個漂亮的女孩，她的夢想是成為一名專業模特兒。單從外在條件來說，她的確很適合做模特兒，可是她卻一直沒有實現夢想。為此，她找到了我，希望我能幫助她。剛見到她時，我真的覺得她很漂亮，身材也很好，但我卻總感覺她身上缺少點什麼。女孩對我說：「卡內基先生，我真的為我的夢想付出了很多努力，可是他們總是說，我沒有格調，所以不能做模特兒。」女孩的話讓我恍然大悟，我對她說：「美麗的小姐，也許他們的判斷是對的。我的眼光或許不算高明，但我覺得你的穿著打扮真的不太適合你。」女孩感到很不解：「可是這和我的夢想有什麼關係呢？模特兒不是只需要穿著指定的衣服在臺上走來走去就可以了嗎？」顯然這就是她的問題所在，她對什麼是美並沒有正確的認識。我說：「模特兒這個行業不像你說得那麼簡單。一個沒有高雅格調的模特兒，她不會對穿在自己身上的衣服有深層次的認識，當然也就不會把設計者想要表達的意念傳達出來，如此一來，不管外在條件有多好，也是枉然。」

女士們，我想說的是，你們每個人都像模特兒一樣有一個舞臺，只不過那些專業模特兒是在伸展臺上展示風采，而你們是在平凡的現實生活中展示自我。同樣的道理，如果你沒有格調，那麼神采飛揚、絢麗多彩的生活就永遠不會屬於你。

好性格使你更迷人

我的好朋友查理．詹森是紐約一家心理診所的主治醫師，一天晚上，他突然到我家來拜訪。我們很長時間沒見面了，對於他的到來我感到非常高興。我囑咐陶樂絲給我們準備一頓豐盛的晚餐，我要和查理好好地敘敘舊。

閒談時，我把自己打算寫一本有關女性心理方面的書的想法告訴了查理，希望能得到這位專家的建議。查理認真地想了想之後對我說：「戴爾，或許你該研究一下性格對人一生的影響。我認為，每一個成功的人都有自己成功的性格。好的性格會讓人幸運，更會讓人容易取得成功，我相信女性們會對這些東西感興趣的。」

我當時不太同意查理的看法，我對他說：「查理，你是不是對自己的感覺和經驗太自信了些？雖然我不否認性格對一個人來說很重要，但我更認為一個人的成功和機遇、社會環境、個人素質等等因素也是密不可分的。性格只不過是所有因素之中一個很小的因素罷了。」

查理好像早料到我會這麼說，他很快接著我的話往下證明自己的看法：「那麼，戴爾，我們假設你的說法是對的，請你給我解釋一下，為什麼同樣的機會，有的人就能抓住，而有的人卻不能？為什麼不管處於什麼樣的社會環境，總有少數人能獲得成功，而另外那麼一大部分的人仍然過著平庸的生活？還有，為什麼很多時候具備同樣能力的人命運卻不盡相同？」

一連串的問題，問得我頓時啞口無言，查理的話的確都是事實。我絞盡腦汁也想不出什麼例子來駁倒查理。最後實在沒辦法，我只能承認他是勝利者。

女士們，假如當時你在場的話，你會選擇站在哪一邊呢？我是真希望你們會支持我的朋友查理，因為無數的事實證明他的觀點是正確的。

我一直覺得，每一位女士都是善良的天使，善良是她們的天性。記得有人曾說過：「女性的善良和母愛有著密切的聯繫。」女人不願意看到有人受傷害，所以她們不喜歡爭鬥。甚至有的時候她們為了滿足別人，寧願犧牲自己。

第二次世界大戰時，法國被德國佔領後，很多法國人為了躲避戰爭都逃亡到了國外。蘇麗在失去所有家人之後孤身一人逃到了英國的一個小村莊，一位善良的老婦人收留了她，之後老婦人還收留了好幾名不幸的女孩。老婦人對她們很好，可是其他幾個女孩都看出了一些端倪，陸陸續續離開了那裡。原來，老婦人有一個智障的兒子，她是希望女孩們裡面有人願意嫁給自己的智障兒子。其他女孩雖然對老婦人也是心存感激，可是最終都選擇了離開。只有蘇麗雖然心中也是十分不願意，但因為不想傷害老婦人，就答應留下來。最後，大家當然能夠猜到蘇麗後半生的命運將會是怎樣的。

看到這裡，可能有些女士會開始質問我了：「卡內基先生，難道你認為蘇麗應該做個忘恩負義的傢伙選擇離開？」的確，女士們，這是我的想法，我認為蘇麗應該拒絕老婦人的要求，報恩可以有很多方法，蘇麗沒有必要賠上她自己一生的幸福。蘇麗真的很善良，但我認為她的這種善良超過了底線。與其說是她性格善良，還不如說她是性格軟弱。蘇麗不懂得拒絕別人，她不願意看到任何人受到傷害，可是，唯一受到傷害的就是她自己。我們該同情她嗎？但她明明是可以選擇的，所以只能說這一切都是由她的性格造成的。

因為一件事，如今我對查理的話是深信不疑了。這是發生在我以前的鄰居羅斯姐妹身上的真實事件，它又一次印證了查理的話的正確性。

雙胞胎羅斯姐妹在很小的時候，父母對她們都一視同仁，沒有表現出偏愛其中的哪一個。然而，隨著年齡增長，情況卻發生了變化。

姐姐露絲是個直腸子，總是想到什麼就說什麼，妹妹姬絲性格乖巧，總是會想出各種辦法來討父母歡心。坦白說，作為一個旁觀者，我們會覺得露絲要比妹妹好，可她的父母似乎不是這樣想的。羅斯夫婦感情很好，不過像吵架這樣的事還是難免的。每次父母吵架的時候，姐姐露絲總是會站出來批評有錯的一方，而妹妹姬絲則是想盡辦法逗生氣的父母開心。還有很多這樣的例子，但我相信不用再舉例，你已經知道姐妹倆的差別在哪裡了。我們直接跳到最後，羅斯夫婦在他們的遺囑中清楚地寫道，他們所有的財產全部都歸妹妹姬絲所有。

其實露絲並不缺這一份遺產所帶來的財富，但她就是不能理解為什麼父母會這麼偏心。她找到了我，希望能從我這裡找到答案。因為是鄰居，我對她們家的情況頗為瞭解，所以我對她說：「露絲，為什麼你不能像你的妹妹那樣討好你的父母呢？」露絲看上去有些苦惱：「我也知道妹妹那樣會讓父母比較開心，可是我根本做不到。我覺得向父母獻殷勤太做作了。」我想起了查理的話，然後對她說：「露絲，性格決定命運，這一切都是由你的性格造成的。」露絲想想，恍然大悟地點點頭。

其實，露絲很值得同情，因為她真的沒有做錯什麼，而她的父母也不應該對她有任何意見。但是反過來說，她父母的做法好像也是人之常情。事情已經發生了，而且一切都那麼順理成章。這實在不能怪誰，只能怪露絲沒有一個好的性格。那麼，究竟什麼樣的性格才算好的性格呢？借用著名的心理學研究專家漢斯的話來說：「一個人如果擁有了諸如勇敢、堅韌、獨立、冷靜、理智等性格，就等同於擁有了一筆巨大的財富。勇敢能讓你面對一切挫折，堅韌則會讓你在困難面前永不低頭，獨立讓你不受他人的擺佈，而冷靜和理智則會讓你永遠保持清醒。當然，如果一個人的性格懦弱、膽怯、衝動，且有很強的依賴性，那麼他這一生恐怕都將一事無成。」

也許你會想，我並不希望自己在事業上多麼成功，我也沒有奢望過會有什麼轟轟烈烈的人生。我只希望自己能嫁一個好丈夫，踏踏實實做一個合格的家庭主婦就很滿足了。這樣想也沒錯，可是你不知道，即使這樣，擁有好的性格對你來說也是很重要的。

一個性格懦弱的女人，無論她的丈夫提出什麼無理的要求，她都很難拒絕；一個性格膽怯的女人，不管丈夫做了什麼，她都不敢吱聲；一個性格衝動的女人，一點小矛盾就會讓夫妻之間暴發一場大戰爭；一個依賴性很強的女人，只會讓自己的丈夫覺得和她在一起是一種負擔。

所以，女士們，不管你們給自己的一生進行怎樣的規劃，擁有好的性格對你來說都是一件很重要的事。特別是那些覺得自己至今都還沒有被幸運之神青睞過的女士們，趕緊行動起來吧，去發現並改善自己性格中的不足。當然，首先我得讓你知道性格究竟是怎麼形成的。

拉派克．道格拉斯是美國心理協會前任主席，他給性格所下的定義是：「性格是一種後天培養出來的東西，每個人生活環境不同，接觸的事物不同，因此思維方式也會有所不同，所以每個人會有不同的行為習慣。這樣的習慣長期支配著人們的日常活動，時間長了，也就形成了性格。」簡單一點說，性格就是指導人行事的準則。舉個很簡單的例子，一個認為世界很冷漠的人，他會抗拒和人交往，久而久之便成為習慣，而在這種習慣的支配下，他很容易形成孤僻的性格。

既然人的性格是由自己的思維方式決定的，所以，我們不難推論出，要想改變性格，首先就得改變自己的思維方式。這個過程肯定是艱難的，畢竟人的思維方式是經過很長的時間形成的，也是很難改變的。不過，我這裡有一個好方法，女士們也許可以試一試，我稱它為：反向思維法。

這是一個很簡單的方法，當你遇到問題時，別總是根據思維習慣去做判斷，然後就迅速做出行動。反向思維法要求你不管遇到什麼事，都要依你的習慣做出相反方向的判斷。舉個簡單的例子，我們前面所提到的蘇麗，如果她在聽到老婦人的請求以後，根據慣性思維，她認為不能拒絕，否則老婦人會傷心。但是她應該接著想，如果自己拒絕了呢？老婦人可能傷心一段時間就好了，然後仍繼續給兒子找老婆，而她自己呢，獲得的將會是一輩子的幸福。這就是反向思維法。我相信，蘇麗如果在當時知道這個方法的話，她就會改變自己的命運。

靠著這樣簡單的一個方法，我知道它是不可能馬上改變一個人的性格的，這還需要女士們自己作出很多的努力。其實每個人對於自己的性格，總會有或多或少的認知，一切的改變完全取決於你自己。我呢，也只能給你們一些參考意見而已。

總之，你得明白，擁有好的性格對誰來說都不是一件壞事。所以，我建議女士們，都試試去改變自己性格中的不足之處，也許真的會給你帶來意想不到的驚喜。

保持快樂與活力

是人就會有煩惱，女性的煩惱好像尤其多，不管是職場上的女強人，還是家庭主婦，總有各種各樣的煩惱打擾著女士們的生活。職場女性總覺得工作壓力讓她們喘不過氣，而家庭主婦的煩惱更多是來自婚姻。

有很多女士向我抱怨：「卡內基先生，我的生活總是灰暗的，我做錯了什麼，上帝要如此懲罰我，我多麼希望生活能夠豐富多彩，自己可以天天快樂！」我問她們：「難道沒有快樂過嗎？」「當然不，但總是很短暫。」「那為什麼不讓自己保持住快樂與活力呢？」女士們聽到這裡往往會開始大叫道：「卡內基先生，您以為我們不想那樣嗎？可是那些生活的煩惱和工作壓力讓我們累得直不起腰來，我們哪還有閒心去玩樂！」

女士們，你想的沒有不對，但我卻不能贊同這樣的想法。男人在這一點上就比女人聰明多了，大多數男人不用別人教他們，也知道該如何讓自己保持快樂與活力。男人們好像天生就懂得，不快樂時就把時間花費在自己的嗜好上，使得自己再一次精神煥發地去面對生活和工作。女士們應該在這一點上效仿男人，做一些自己喜歡的事，尤其在心情不好的時候。這是一種很有效的方法，它能調節你的心情，讓你有更好的情緒去處理工作和家務。其實，使女士們感到疲憊不堪的並不是繁重的工作和壓力，真正的罪魁禍首是生活中的單調和煩悶。有很多聰明的人會花大量的時間去玩樂，他們這麼做的目的就是為了讓生活有新鮮感和情趣。

很多職業女性覺得自己的時間很寶貴，因為她們很大一部分時間都是在辦公室裡度過的。所以當她們擁有自己的時間時，如果讓她們去做一些工作以外的事，她們肯定會拒絕：「我得好好休息一下，我太累了。」我想說的是，女士們，休息的方法有很多種，去聽一場優美的音樂會，去孤兒院看看那些可愛的孩子，或者做一些其他有意義的事情。我相信這樣的「休息」可以給你帶來很多舒適感，會讓你更徹底地放鬆。

烏爾特・芬克太太是我的鄰居，從我認識她起，她就一直是個樂觀開朗的女人。我一直很好奇，她為什麼會那麼快樂？她結婚後一直在工作，她還有三個淘氣的孩子，她的丈夫從不會幫她分擔家務。帶著好奇，我向她請教。她告訴我，她一直都利用週末的時間去附近的一所教會學校義務教書。她說，就是這樣一份看似額外的工作，給她帶來了無限的快樂。她覺得和孩子們打交道是一件讓人快樂的事情，她能從孩子身上得到活力。她還說，在沒有做這份工作之前，因為工作的壓力、家庭的煩惱，她差點患上憂鬱症。看著眼前可以快樂對待每一天的芬克太太，我由衷地感到佩服。

我還認識一位名叫羅蘭的女士，她告訴我，她讓自己保持快樂與活力的方法就是把自己一周的時間都排得滿滿的。星期一和星期二晚上她會和丈夫一起去打球，這是他們共同的愛好，星期三照例公司要召開一個討論會議，至於剩下的那三天時間，羅蘭女士根據自己的愛好報了幾個訓練班，然後選擇去聽課。星期天晚上，一家人會坐下來，討論自己一個星期的收穫。羅蘭說，這樣的生活使得家裡的每個人都過得非常愉快。她覺得這樣的安排給自己和家人注入了快樂與活力，她說他們從未因無聊和煩惱而發生爭吵，一家人都過得很快樂。

之所以說到羅蘭保持快樂和活力的方式，是因為我想起曾經看過的一篇文章，說的是一個精神病患的故事。這位患者童年過得很不快樂，因為他的家人總是把不愉快的事情搬到飯桌上爭論，這使得他每次吃完飯後就會想要把吃進去的東西吐出來。

仔細想想，的確是這樣，當你感到輕鬆愉快的時候，你會忘記很多不愉快的事。相反，假如一些不愉快的、令人生厭的、死氣沉沉的事情總是陪伴在你左右的話，那麼你的生活一定會是一團糟。

當我看完那篇文章之後，就在家裡訂了一個規矩，我告訴家人在吃飯時，只談論有趣的、讓我們感到愉快的事。我發現，從此以後，每天的晚餐成了我們家人聯繫感情的重要時間，家中每個成員都很享受這種快樂的感覺。在我的記憶中，我和我的家人很少會發生爭吵，因為我們每天總是為了讓彼此保持快樂和活力而去找一些有趣的話題來交談。

女士們，如果前面兩個例子都不能打動你的話，我想下面要說的，不管怎樣都會讓你有所感觸的，我要談的是健康。健康的身體對每個人來說都是最寶貴的，道爾是華盛頓健康中心的博士，他告訴人們，經過研究發現，每天生活在痛苦、煩惱、沮喪和不安中的人，生病的機率要遠比那些終日充滿活力、感到快樂的人大很多。博士還說，快樂就是指你擁有積極向上的情緒，保持這樣的快樂會讓你減少壓力，從而減少生病的機率。而活力則是支配人工作、學習的動力，如果一個人每天都充滿了活力，那麼他就不會覺得壓力很大，進而會覺得處理一切事情都很得心應手。所以，女士們，請找一些事情讓自己每天都保持快樂與活力吧，那樣，你就會擁有清醒的頭腦去判斷事物的正確價值了。說了那麼多，保持快樂與活力的方法究竟是什麼呢？其實這並不難，你只需要結合自己的性格，然後培養一種或是幾種自己的愛好。你可以先想想是不是有什麼事自己一直都想做，或是曾經很想做，然後就可以讓這些想法變為實際的行動。如果你實在想不到自己到底喜歡什麼，那麼我建議你去買幾本介紹各種俱樂部的雜誌，說不定能找到你想要的東西。其實，只要細心觀察，就會發現在你身邊有很多很有意義的事情。

我的妻子陶樂絲在我們剛結婚時很不適應那樣的生活，我因為工作的原因，不能天天在家陪她，她覺得自己每天都無所事事。後來，她也覺得自己那樣的狀態不對，就對自己說：「我為什麼要每天都生活在痛苦和沮喪之中呢？戴爾很忙，不可能要求他天天陪我，我不能這樣自己折磨自己，我得想辦法找一些有趣的事來做，我要讓自己快樂起來。」

這些是陶樂絲後來才告訴我的，也就是在她開始改變之後。我妻子從小就很喜歡莎士比亞，所以她透過人脈找到了一個莎士比亞愛好者的俱樂部，並且成為俱樂部的一員。這個俱樂部常會舉辦一些活動，因為這個俱樂部屬於研究型的文學團體，所以也經常討論一些很有意義的話題。看得出來，我的妻子非常快樂。一天，她對我說：「戴爾，我覺得現在每天都過得很快樂，我覺得那個俱樂部真的很不錯，讓我獲得了很多新鮮感，我每天都充滿了活力，這讓我覺得生活太美妙了。」

陶樂絲找到了樂趣以後，真的能明顯感受到她的改變，她每天快樂得像個天使。不僅如此，她還經常和我討論，雖然我們在討論問題時難免會爭執，但因為有了快樂和活力這樣的前提，所以氣氛一直都很愉悅。

克拉澤是《快樂生活指南》一書的作者，他在一次公開的演講中告訴大家：「你得承認，無論你做什麼事，在它失去了新鮮感以後，你就會覺得這件事變得枯燥無味了。但假如你能在生活中找到一些新的興趣，那麼你原本枯燥乏味的生活就會有很大的變化，而且它會讓你的工作和家庭關係永遠保持新鮮感和樂趣。至於這樣做會有怎樣的好處，我想不用我說大家都很清楚。」

我完全同意克拉澤的觀點，女士們，如果現在的你覺得生活毫無興趣可言，那麼就趕快找一些感興趣的事來填充你枯燥、煩悶的生活吧。找到那些興趣，並且盡力把它做好，這就是讓你每天都保持快樂與活力最簡單、且百利而無一害的方法。

重視衣著和妝容

在前面的幾篇文章中，我給女士們強調的都是內在的東西，的確，有內涵、有氣質的女性是受人青睞的。但想要成為眾人眼中最有魅力的女人，我想，儀表也是很重要的一個方面。也許在我們評價一個人是否具有高品味和好涵養時，儀表僅僅是一個小部分，但我們又不得不承認它也是最直接、最關鍵的一部分。

每個人的穿著打扮、造型化妝，其實都能折射出這個人對生活品質的追求，哪怕一支手錶或是一對耳環，也是同樣的道理。你的儀表就好似一面鏡子，它可以將你內心的情趣、修養以及格調等清楚地反映出來，展現給別人。

美國鐵路局董事赫伯特．沃里蘭說過，恰當的衣著對一個人的成功會有一定的作用。在一次演講中他告訴人們，也許一件衣服並不能造就一個人，但是一件好衣服卻可以讓你找到一份比你穿得邋遢時好很多的工作。假如你身上只有五十美元，而且你在找工作，那麼請你花上三十美元買一件好衣服，再花十美元買一雙鞋，剩下的十美元你還需要買刮鬍刀、領帶等這些東西，這是面試時的有用規則。

沃森先生是紐約職業分析師，他說：「我所知道的是，幾乎所有的大公司都不會雇用那些不懂得穿著和化妝的女職員，因為他們覺得，一個不懂得如何打扮自己的女人一定也不會把工作處理得很好。」華盛頓一家大型零售店的人事經理也曾經說：「我在招聘員工時，先決條件就是看應聘者的儀表。」

也許看到這裡，女士們要開始抱怨了，這不是很荒謬嗎？一個應聘者的能力大小確實和他的穿著是否得體並沒有多大的關係。然而，女士們，你們也不能不承認，任何人對美都是有追求的，公司在選擇員工時也不會例外。如果你是老闆，我想也是一樣，難道你願意看到在自己公司工作的是一群邋遢的員工嗎？

在美國，儀表作為求職敲門磚這一原則已經是通行的了。還有很多雜誌對這一原則大加讚賞，並且做出了分析。一個注意個人清潔和穿衣打扮的人一定是個有心的人，那麼他對待工作也能很用心。相反，一個人如果在平時的生活中就不修邊幅，那麼這種馬馬虎虎的生活態度也會不自覺地帶到工作中去。

偉大的莎士比亞曾經說：「儀表可說是一個人的門面。」顯然，這位文學巨匠的說法得到了人們的普遍認可，因為在我們身邊經常會有因為不得體的衣著和化妝而受到人們指責的事情。記得有一位著名的哲學家說過：「如果把女人一生所穿的所有衣服給我看一遍，我就能根據聯想寫出一部有關她的傳記。」心理學家斯德尼．史密斯也說過：「任何一個女人，你誇她漂亮，她都一定會心花怒放。但如果你隨便批評一個女人，說她的衣著搭配不當，化妝技術糟糕透頂，那她一定會大發雷霆。我想，這是每個女士都羞於承認但又不得不承認的。你如果想幫助一個陷入困境的女士，那麼我給你最好的建議就是幫助她瞭解到儀表的價值所在。」

衣著和化妝的確不能造就出一個人，但它們的確給我們的生活帶來重大的影響。全美禮儀協會主席普斯蒂斯．穆俄夫德說過：「我不是危言聳聽，也不是言過其實，但一個人的儀表真的能影響到他的精神面貌，儀表對人們的影響確實很大。」

在這裡，我還想說的是，與化妝相比，衣著對於女士們更為重要。想想，我們在大街上看到許多穿著整齊但沒有化妝的女人，但我們卻很少看到化著漂亮的妝卻穿得很邋遢的女人。如果我們讓一位女士穿上一件破舊不堪的衣服，那麼她這一天的心情都會受到影響。哪怕這位女士是一個很講究的人，在穿上這件破衣服以後，她也會變得不修邊幅。她會有這樣的想法：「既然穿了一件這樣的衣服，那我何必還去在意頭髮是不是亂了，臉和手是不是乾淨，或者鞋子髒不髒。」這些外在的影響還會漸漸深化，會讓這位女士的步態、風度以及情感也開始發生潛移默化的改變。當然，如果我們做一個相反的實驗，那麼結果一定也會往相反的方向發展。

好吧，現在我們知道儀表的重要性了。那麼，我們究竟該如何打扮自己呢？我知道很多女士都會認為，花上自己一個月的薪水去買那些昂貴又時髦的衣服，或是價格讓人望而卻步的化妝品就是最好的選擇。其實不然，這是一種錯誤的觀念。這樣的行為就好像英國著名的花花公子伯·布魯麥爾，他每年會花費四千美元去做一件衣服，有時僅僅為了紮一個領結就花上幾個小時的時間。所謂物極必反，便是這樣的道理，凡事過了頭，就會向不好的方向發展了。

對自己的衣著在意並不是壞事，可是如果對衣著講究過頭了，甚至把所有心思全放在對儀表的研究上，那就沒意義了。其實你只需要做到衣著打扮和自己的身份相匹配就行了，更多的時間，我建議你放在提高自己內在修養，陶冶情操，淨化心靈和學習知識上。

我對大多數女士的建議就是，穿得體的衣服，化適合自己的妝。這並不需要大量的金錢，事實上，樸素的衣裝，只要是適合自己的，再加上巧妙的搭配，同樣會有很大的魅力。女士們，請記住，所謂「寒酸」的衣服並不一定會讓人反感，反而邋遢才是最讓人生厭的。穿適合自己的衣服，儘量讓自己保持乾淨整潔，你同樣會贏得別人的尊重。

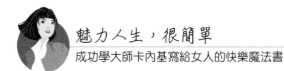

微笑是最吸引人的魅力

我曾應一位法國好友的邀請去巴黎參觀了著名的羅浮宮。參觀完了以後，我只能說我真的為人類的智慧所折服，藝術家們給人類創造出如此多的藝術瑰寶，讓人驚歎。

在羅浮宮的諸多藝術瑰寶之中，我對它的鎮館之寶《蒙娜麗莎的微笑》記憶尤其深刻。當時我只知道它是人類藝術品中名號最響的傑作，但我似乎並不能領會到它的真正價值。所以我請教了我的朋友。朋友告訴我說：「戴爾，難道你不覺得達文西所描繪的這個女子會讓人覺得很奇異嗎？這幅畫能讓世人為之癡迷的真正原因就是畫中女子矜持的微笑。那微笑真的太迷人了，現在有很多學者在專門潛心研究蒙娜麗莎微笑中的秘密。」

微笑的力量的確神奇，甚至可說是妙不可言。上帝把微笑賜給他最眷顧的寵兒人類，使微笑成為我們所擁有的特徵。記得有一次，我在飛機上遇到一件事情，這件事讓我更加堅信了微笑的力量。

飛機還沒起飛的時候，我身邊的一位乘客把空姐叫了過來，他希望空姐給他倒杯水，因為他需要服藥。空姐有禮貌地說：「先生，實在是對不起，為了您的安全，我必須等飛機平穩飛行以後才能給您倒水，麻煩您稍等一會兒好嗎？」

飛機起飛以後，乘客久久沒有等到空姐來給他倒水。我想可能是那位空姐將這件事忘記了。那位先生顯然很生氣，他用急促的鈴聲叫來了空姐，「你們怎麼能這樣？難道你們就是這樣對待乘客的嗎？真不知道你們這些空服員都是怎麼選出來的！」

等空姐反應過來確實是自己錯了之後，趕忙微笑著說：「對不起，先生，真的對不起，是我疏忽了，對不起，我真的感到非常抱歉，請您原諒！」

「對不起？抱歉？你以為這樣就行了嗎？我不想和你吵，我會投訴你的。」儘管那位可憐的空姐一次又一次把微笑送給這位乘客，並表示真誠的歉意，但那位乘客似乎真的生氣了，怎麼也不領情。當飛機快要到達目的地的時候，那位乘客冷冰冰地對空姐說：「請把你們的留言簿給我，我想讓你和你的上司知道一些東西。」

空姐急得眼淚都快掉出來了，她已經為自己的疏忽進行無數次的道歉了。但是，最後她還是選擇微笑著把留言簿拿了過來，在遞給那位乘客之前，她又說了一次：「先生，請您再一次接受我最真誠的歉意。您的投訴，我接受，因為這的確是我的錯。但我還是想對您說一聲，對不起。」乘客頭也沒有抬，很認真地在留言簿上寫了一些東西以後遞給了空姐。當飛機停穩以後，那位乘客很快起身離開了自己的座位。

我是一個好奇心很重的人，我很好奇這位面對別人多次真誠的道歉而不接受的先生到底在留言薄上寫些什麼。於是，我找到了那位空姐，並希望她能夠允許我看一看那位乘客的留言。在空姐同意之後，我們一起打開了留言簿。上面的留言讓我們兩個都感到驚奇，很明顯，這並不是一封投訴信，而是一封表揚信。我對其中一句話的印象很深刻：「發生這樣的事大家都很不愉快，但是在整個過程中，她甜美的微笑我一直能感受到，當她對我第八次微笑的時候，我就決定將投訴信改成表揚信了。」

空姐的微笑無疑彌補了自己「不可饒恕」的錯誤。其實我是想通過這件事告訴所有的女士們，不僅僅是做服務工作的女士需要微笑著面對每個人，所有的女士都需要微笑，不管在生活中還是工作上，因為只有這樣才能讓別人覺得溫暖，才能讓別人想要跟你相處。

前不久，我去紐約參加了一次盛大的晚宴，席間，有一位剛剛繼承了一筆遺產的漂亮女客人。顯然，她想給別人留下很好的印象，這從她華麗的穿著，精緻的妝容就可以看出。遺憾的是，雖然貂皮大衣、寶石鑽戒等東西使得這位女士顯得雍容華貴，但是她一臉冰冷、生人勿近的表情卻讓人避之唯恐不及。對這位女士來說，她不明白的是，臉上的微笑遠比那些雍客華貴的衣服重要得多。

一位事業有成的朋友告訴我：「如果有人讓我選擇一家有些破舊但卻可以隨時見到微笑的鄉村旅店，或是一家雖然有著一流的設備，但卻看不見一絲微笑的高級賓館，我肯定會毫不猶豫地選擇前者。」美國一家大企業的人事部主任也對我說過：「文憑雖然重要，但我寧願去聘用一個笑容燦爛的鄉下女孩，也不願意去聘用一個冷若冰霜的經濟學博士。」

幾乎沒有人能抗拒微笑的力量，因為沒有人不希望別人喜歡自己。心理學家告訴我們說：「微笑和人的形象有著奇妙的關係，微笑不僅僅是一種面部表情，它還能反映出人們內在的精神狀態。」

所以，女士們，你若想討人喜歡，讓人見到你就高興，那麼首先你就得見著別人的時候顯得非常高興。

但我必須得告訴各位女士的是，只有真誠的、由衷的微笑才能讓人感覺溫暖，如果你僅僅是簡單地做出面部表情，那麼這種在不情願的情況下做出的機械的、虛偽的微笑，只會招來別人的厭惡和反感。

在採訪美國最大的橡膠公司總裁時，我問到他關於用人的經驗。那位出色的總裁微笑著對我說：「卡內基先生，通常我和對方第一次見面以後，我就知道自己是否要用他。因為這麼多年的社會閱歷讓我明白一個道理：一個人如果能很愉快地去做事，那麼他成功的機率就會很大；相反，如果他帶著不愉快的心情去做事，失敗的機率就會很大。我認識的很多成功人士，他們成功的原因就在於他們把自己的事業當作興趣愛好，總是帶著愉悅的心情去做。很多對自己的事業失去了興趣的人，最後無疑都將走向失敗。」

林肯是我最崇拜的人，他曾經說過：「人們的快樂程度往往和他們想要得到的差不多。」女士們，微笑著面對別人，這不僅會讓你成為最受歡迎的人，更重要的是，這也是讓你自己每天都可以生活在快樂之中的最簡單的方法。

女士們，我想把我的一些好建議當作禮物送給你們，希望你們能接受並細細感受這份禮物，也許它會對你有很大幫助。

當你要外出時，對著鏡子看看自己有沒有愁眉不展，直視鏡中的自己，抬頭，挺胸，然後再深吸一口氣，對自己笑一笑然後再出門。在路上，千萬別吝嗇你的微笑，不管遇到誰，認識的或是不認識的，都請對他們微笑。

沒有什麼比自己的快樂更重要，那些所謂的憂慮只是自尋煩惱，嫉妒、誤會、怨憤、仇恨，這些東西都是毫無意義的。當你遇見那些所謂的「敵人」時，整理整理自己的衣衫，然後大方地走過去，微笑著並發自真心地說一句：「嗨，你好！」

女士們，只要你們真正意識到微笑的重要性，經常保持微笑並不是什麼難事。心裡關注的東西，總是會比較容易得到的。女士們，一定要記住，上揚你的嘴角，抬起你的下巴，向著所有的人微笑，你會變得像天使一樣美麗。

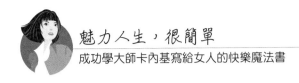

要學會「柔道」

我和陶樂絲前幾年一起去歐洲旅行了一次，旅行過程中我們觀看了一場柔道比賽。這種從日本傳過來的搏擊術和其他搏擊比賽不一樣，參賽選手之間並沒有那種激烈的硬碰硬的較量；相反地，參賽者對對手的攻擊往往是先採取忍讓的態度，然後再伺機發動攻擊。在對東方文化有著濃厚興趣的查理斯．迪克勒先生的告知下，我們知道了柔道的發源地是在古老的中國，中國人通常是用「以柔克剛」來形容這種搏擊術的，這種武術套路也被許多中國人所推崇。

觀看完比賽之後，我和陶樂絲一直在討論著柔道。陶樂絲突然對我說了一句：「親愛的，如果人與人在相處時也能做到以柔克剛的話，那麼很多麻煩就一定會被避免。」陶樂絲的話提醒了我，的確如此，這個道理如果能被我們運用在日常生活中，真可算得上是人際交往的一個法寶。女士們如果真能夠做到「以柔克剛」的話，相信你的魅力指數一定飆升。

加州心理學教授斯科爾·塔克拉認為，一個脾氣再壞的人，當他遇到一個友好、和善、對他滿臉笑容的人，他也很難發作。但是知道這個道理的人並不多，人們通常在面對麻煩的時候，採取的都是硬碰硬的解決方法。我們暫且不說這種方式能不能解決問題，但至少能肯定的是，這樣的做法一定會讓你的形象在別人的心裡大打折扣。

一個女人，除了相貌、氣質以外，最能體現她魅力的地方就是她為人處世的方法了。我認為，一個只會斤斤計較，不懂得退讓、得理不饒人的女人，是不可能與魅力聯繫起來的。這樣的女人，和她相處都很讓人頭疼，更別說喜歡她了。

我住在密蘇里州的時候有個叫沙妮娜的鄰居，也不知道什麼原因，好像大家都很喜歡她，並且親切地稱她為「最討人喜歡的夫人」。那時我年紀還小，對於人際關係之類的東西還沒有一點概念。我只記得，每次見著沙妮娜夫人，她都是笑容滿面的，而且在我的印象中，她沒有對誰發過火，也從沒有和誰爭吵過。

有一次，農場裡一個農夫的豬跑了出來，跑到她家菜園，把她種的蔬菜全都啃了一遍，而且還撞壞了籬笆。那可是沙妮娜夫人所有的勞動成果，說她不難過誰也不會相信。豬的主人也感到很不好意思，主動上門向沙妮娜夫人道歉，並表示願意賠償一切損失。大家都沒有想到的是，沙妮娜夫人接受了農夫道歉的同時拒絕了他的賠償，並且還安慰農夫不要把這件事放在心上。一個女人能夠如此大度，真的不容易。後來，我清楚地記得，農夫一家和沙妮娜夫人成了很要好的朋友。

當時我還為沙妮娜夫人憤憤不平，不明白她為什麼就那樣原諒了農夫。直到今天我才明白，沙妮娜夫人這種做法是非常正確的。試想一下，如果當時沙妮娜夫人和農夫大吵大鬧的話，農夫很可能會惱羞成怒，和她對峙起來。他會說，自己家的豬跑出來他也不想這樣，他也不是故意讓豬跑出來的。最後，一場可怕的爭吵在所難免，況且豬造成的損失已經是不可改變的事實了。

女士們可能會說了：「這一切不過是一種處世的技巧罷了，和魅力有什麼關係呢？再說了，這樣的做法以犧牲自己的利益為前提，試問又有幾個人能做到呢？而我們又能得到什麼呢？況且，別人也許會把我們這樣的做法看成是軟弱。」

我想，當我講講前段時間我和陶樂絲回到密蘇里，參加這位夫人的葬禮的情景之後，女士們的想法也許會有所轉變。沙妮娜夫人的葬禮來了很多鄰居，還有一些是專門從很遠的地方趕過來的。沙妮娜夫人的墓碑上寫著這樣的祭文：「這裡躺著的女人，是一個魅力非凡的女人，她的風度，她的氣質，她的寬容，她的大度，都讓所有認識她的人為之折服。」我想，這樣的待遇和評價是每個女人都無法拒絕的。所以女士們，向沙妮娜夫人學習用「柔」去打動別人吧。

卡斯．盧卡澤是英國著名的人際關係學家，他曾經在演講中說過：「一個成功的女人能運用巧妙的方法讓別人接受自己，喜歡自己，並感受到自己的魅力。在女性魅力的所有因素中，如姣好的外貌、得體的衣著、迷人的氣質等，我個人認為，懂得『溫柔』的女人，是最容易被大家所接受的。」「溫柔」可說是打開對方心靈的鑰匙，是自我介紹的名片，更是處世方法中最能體現女性魅力的一個特質。

看過一篇文章，說的是英國的一個小鎮曾經舉行過一次評選「全鎮最有魅力的女人」的活動。最終的結果是，一位名叫塔莎，沒有高貴出身和出眾相貌的餐廳服務員獲得了冠軍。原因我想大家也差不多都猜到了，那位塔莎女士並沒有什麼突出的特點，她最大的優點就是對待任何人都十分和藹。不管遇到什麼樣的顧客，她的臉上總是掛著笑容，而且說起話來也十分溫柔。

女士們，不知道你們現在是否已經同意我的觀點了，如果你還有疑慮，希望下面這個真實的事情能帶給你或多或少的觸動。

一次，我和老朋友甘迺迪．克勒曼約好一起共進午餐。進餐時，我發現甘迺迪有些不高興，我問他怎麼了。他歎了一口氣說道：「我辦公室剛來的那個速記員笨得不得了，我不知道人事部是怎麼搞的，居然請來一個經常拼錯字，而且速度還很慢，記錄也不準確的打字員。」我對他說：「那你應該和她談談啊，實在不行就把她辭了吧。也許她並不適合這份工作。」甘迺迪點了點頭，我們繼續吃午餐。

沒過幾個月，當我再一次無意之中和甘迺迪說起這件事的時候，他面帶沮喪地對我說：「那女孩已經準備結婚了，她自己提出辭職。」我有些疑惑：「那不是正合你意嗎？還免去了你辭退她的尷尬，不是挺好的嗎？你怎麼看起來那麼沮喪呢？難道她在短時間裡取得了很大的進步？」甘迺迪笑了笑說：「不，事實上她沒有一點進步，她現在還是經常出錯，動作還是很慢很慢。」我更加迷惑了，「那你到底在沮喪什麼呢？」甘迺迪回答道：「我承認她的工作能力實在令人不敢恭維，我是應該辭退她的。可是我發現我做不到，不知道為什麼她總能給辦公室帶來一種非常舒服的感覺，這是以前沒有的一種感覺。她特別的溫柔，對每一個人都是，因此她和整個辦公室的工作人員都相處得十分融洽。她好像是我們辦公室裡人際關係的潤滑劑，她的存在減少了很多摩擦。」

女士們，怎麼樣？有沒有心動呢？難道你還不想學學有關「柔道」的技巧嗎？我希望這些建議能夠對你們有所幫助。

想要進入「柔道」的門，首先你得學會微笑，因為微笑是打開對方心靈的第一把鑰匙。有詩人曾經說過：「世界上最有魅力的表情就是微笑，微笑能讓所有人都感受到溫暖。」

學會微笑之後，你得懂得什麼是「溫柔」，既然是「柔道」，那麼溫柔當然是必不可少的。女性溫柔的表現方法有很多種，其中最能體現女性溫柔的地方莫過於說話的聲音。「輕聲細語」總會讓人感到舒適，當然，我說的並不是那種膽怯的、害羞的輕聲說話，我想讓你們掌握的是一種將自己內心柔情展示給對方的說話方法。面帶微笑加上輕聲細語，我想沒人能抗拒你的魅力。

身懷「柔道」的女人，她的殺手鐗就是不管遇到什麼事都不和別人爭吵。事實上，爭吵是一個人最沒有氣質的表現，也是解決問題最愚蠢、最無能的一種方式。所以女士們，不管你遇到什麼問題，都一定要學會壓制住自己的怒火，千萬別為了逞一時之快而失了風度。

做個善解人意的女人

女士們，你們的丈夫是否有時固執得讓你無法理解？你明明不想和他爭吵，但有時真的是覺得自己不知道該怎麼做了。我在這裡就向女士們介紹一個技巧，其實很簡單，只要你們找到丈夫固執地堅持己見的原因。每個人做每件事都一定會有原因，你找到丈夫做那些事背後的緣由，就相當於找到了體諒他、理解他的鑰匙。

在我的培訓班上曾經有一位叫凱莉的女士，她很苦惱地找到我並告訴我，她的丈夫整天不把心思花在工作上，每週都要拿出三天的時間來整理家中的那些花花草草。凱莉還說，她並沒有覺得那些花草在丈夫的精心修剪下變得比以前更好看，所以凱莉常常會抱怨她的丈夫，當然丈夫也不甘示弱地予以回擊，家中就這樣經常因為這些事爆發「戰爭」。

認真聽完她的描述後，說實話，我認為凱莉是一位不懂得體貼他人的女士，她的丈夫也一定為此苦惱著。我嚴肅地對她說：「凱莉，我認為這並不能完全怪你的丈夫，為什麼你不能站在他的角度去思考問題呢？」我的話顯然觸動了凱莉，她在沉默了幾秒鐘之後對我說：「是的，卡內基先生，我知道我先生一直都很喜歡花草。我還記得我們剛戀愛的時候，他常常送我幾朵自己種的花，那時候我也經常稱讚他是一個有情趣的人。這是他一直的愛好，他說過，他能在修剪花草的過程中體會到快樂。也許這次真的是我錯了，我沒有權力剝奪他的這種快樂。」我對凱莉女士的話感到很欣慰，並鼓勵她按照自己的想法去做。

大家能猜到以後發生的事嗎？那真的是太神奇了。在丈夫又一次修剪花草的時候，凱莉興沖沖地走過去說：「親愛的，我發現你種的這些花草真的很漂亮。我能和你一起經營這片屬於我們的土地嗎？我相信我們一起努力的話，我們的家會變得更美！」「真不敢相信，親愛的，你真的這樣想嗎？」凱莉的丈夫幾乎是眼含熱淚地看著她說：「你已經很久沒有跟我說過這樣的話了。事實上，我一直認為你會反對我這麼做的。」凱莉笑著對丈夫說：「可是親愛的，我現在改變主意了，我覺得能在工作之餘管理自己的花草，很愜意。當然，是在工作之餘哦。」「當然了，親愛的！」

自此以後，凱莉再也沒有因為這件事責備過丈夫，而且還經常幫著他整理。有時實在沒時間，她也會在丈夫工作完後重重地表揚他一番。家裡的「戰爭」沒有了，一家人每天都快快樂樂。

女士們看完這個例子之後一定在想，卡內基真是一個聰明人，這辦法真是不錯。只可惜我沒卡內基那麼聰明，有時就算是遇到了這樣的事，也想不到該用這樣的辦法。女士們，其實我並不比你們聰明，這只能說是「不經一事，不長一智」，因為我曾經得到過類似的教訓。

我一直都有到離我家不遠的公園裡騎馬、散步的習慣，我覺得這是很愜意的休閒活動。公園裡有我喜歡的橡樹，而且還不少。那些可憐的小樹經常會遭受無情大火的摧殘，為此我感到非常痛心。引起火災的並不是那些粗心者的菸頭，而常常是因為在公園野炊的孩子們引起的。有時火大得嚇人，甚至必須叫消防隊來才能撲滅。

這件事其實早就引起了相關部門的重視，他們也在公園裡立了一塊牌子，上面寫著：「嚴禁煙火！各種形式引起火災的個人必將受到罰款或拘禁。」但牌子的成效似乎不是很大，可能因為它被放在一個很不顯眼的地方，看到它的人很少。雖然有關部門還在公園裡設置了一個騎馬巡視的員警，但他似乎也對自己的工作不是很感興趣，所以火災還是時常發生。

有一次我在公園閒逛，又發現了燃燒起來的樹枝，我連忙跑到那位巡警那裡，告訴他我發現的情況，並讓他馬上通知消防隊。可是沒想到，他卻冷冰冰地對我說：「對不起先生，這並不是我職責範圍內的事，火還沒有燒到我所管轄的區域。」當時我感到很生氣，打電話給消防隊以後，我決定從此以後義務擔當起森林管理員的角色，每天騎馬到公園裡巡視。

那時雖然我的出發點是好的，可是我卻不懂得善解人意的重要性。每當我看到一群孩子在樹下玩火，我就會非常氣憤地想出各種辦法來阻止他們。我會惡狠狠地走到他們面前，嚴厲地警告他們，並命令他們馬上將火撲滅。他們要是拒絕我，我就會嚇唬他們說會把他們交到員警手裡。這方法還挺有效果，再調皮的孩子聽到這樣的話，馬上就會把火熄滅。只是我一離開，他們就把火又生起來，而且好像恨不得將整個公園燒得一乾二淨。對此我感到無能為力。

很多年以後再想起這件事，我覺得當時的自己很愚蠢。如果現在再讓我遇見公園裡那群淘氣的孩子，我肯定會對他們說：「孩子們，你們在做什麼？你們可真棒，在午餐嗎？我在你們這個年齡時也很喜歡在外面這樣玩呢，直到現在都是，我認為這很有趣。不過我從來沒有在公園裡玩過火，因為我覺得這是一件很危險的事。當然，我相信你們一定會很小心的，但我不敢保證別的孩子也會像你們一樣小心。有些粗心的孩子看到你們玩得這麼開心，他們一定也會跟著做，而且他們還會忘記將火撲滅，然後公園裡就會發生一場可怕的火災了。孩子們，你們看這個公園多漂亮啊，可是僅僅因為不小心，我們就會失去這個美麗的公園，而且那些調皮的小傢伙們也會因為引發火災而被捕入獄。我並不打算要制止你們做什麼，因為我知道你們現在很快樂，我只是希望你們在享樂完之後，一定要記得把那些樹葉扔得離火遠一點，並且在你們離開之前，記得用土把火蓋起來。對了，山丘那邊的沙灘是個很不錯的地方呢，我也經常在那裡野炊。那裡不但沒有危險，而且地方更大呢。最後祝你們玩得開心，親愛的孩子們！」

我相信，甚至肯定，調皮的孩子們聽了我這樣說之後，絕大多數會接受我的建議，且是心甘情願的。孩子們也是有想法的，他們也知道我是從他們的立場來考慮問題，他們會認為我是一個善解人意的大人。這樣既讓孩子們得到了自尊，讓他們不會有反感的情緒，也更加不會抱怨，不會抵觸。善解人意，懂得體貼他人的人是魅力無窮的，這會讓所有人無法不喜歡你。

肯德斯是一家雜誌社的編輯，同時他還是一個嗜酒如命的「酒徒」，幾乎每天都要喝上幾杯，終於酒精讓肯德斯生病了，而且起碼得在家裡養上半年。編輯部主任愛麗絲女士是一個對酒精深惡痛絕的人，雜誌社中有對肯德斯不滿的人跑到愛麗絲那裡打小報告，說肯德斯是個酒鬼，還因為喝酒耽誤了很多事，現在還半年不能工作。這些風言風語不知怎麼就傳到了肯德斯的耳朵裡，他擔心極了，真怕上司因為這件事而將他辭退。

一天，愛麗絲打電話給肯德斯，邀請他一起吃午飯。肯德斯在餐桌上戰戰兢兢，不知該如何是好。愛麗絲看出他的不安，看著他笑笑，然後對服務生說：「麻煩給我們上兩瓶香檳！」肯德斯吃驚地望著愛麗絲：「我沒聽錯吧？愛麗絲女士，您不是一直都很討厭酒嗎？今天怎麼……」愛麗絲笑著說：「我只是討厭那種整天沉迷喝酒的酒鬼而已，但有時候工作壓力太大，生活太無聊時，來上幾杯香檳當作消遣也是挺不錯的。肯德斯，祝你早日恢復健康回來工作，乾杯！」

不久以後，肯德斯就回去上班了，他再也沒有因為喝酒而誤事。也可以說，是愛麗絲女士的魅力感動了肯德斯。她的善解人意讓肯德斯知道，自己有一個值得為她努力工作的好上司。

肯德斯會被愛麗絲征服，或許多少存有一些「敬畏」，可是我下面要說的這位羅曼莎女士，她就真的是憑藉自己的實力征服別人的。羅曼莎女士是紐約一家大型劇院的總經理，她並不是一位善於言談的人。一次，由於劇院上演了一場非常不錯的劇碼，所以前來觀看的人特別多，票價也因此由原來的三美元漲到了十美元。顧客們開始不滿意了，售票員與顧客爭吵的事也漸漸多了起來。基於這樣的情況，羅曼莎女士決定親自去售票點看看，剛好遇見一位正在抱怨的顧客對售票員說：「居然漲了三倍多，真不像話！」羅曼莎女士站在售票間裡答應道：「的確太不像話了，怎麼能這麼漲！」這下顧客傻眼了，不知道該說些什麼好了。

羅曼莎女士善解人意的做法，使得顧客放棄了爭論，顧客感到自己的想法被理解了，然後他也開始理解劇院的難處。女士們，相信這麼多的例子一定讓你們明白善解人意的重要性了吧，遇到事情時多站在對方的角度想想，多體貼別人，善解人意的體貼女人總會讓人情不自禁地想要靠近。

第2章

做情緒的主人

一個女人，幸福或是不幸福，不是取決於別人，而是取決於自己的內心。如果你能很好地管理自己的情緒，那麼你就能不被壞情緒所擾，就能時刻擁有好心情。

讓最得意的事常在腦海中縈繞

貝蒂女士是我的一位老朋友，我們有很多年沒見面了，一次居然在街上偶遇。我們都感到意外，於是我邀請她一起共進午餐，借此機會敘敘舊。閒談之間，貝蒂的變化讓我感到吃驚，我的這位朋友以前是一個十分憂鬱的人，她幾乎每天都生活在鬱悶和煩惱之中。而此刻，在我對面的這位女士，完全是一個幸福快樂的女人，她的臉上滿是幸福的笑容，而且看得出來那些微笑是發自內心的。當時，我已經開始籌備《人性的弱點》那本書了，所以我就向貝蒂提出了自己的疑問，想從朋友這裡得到一些可以變快樂的方法。

「貝蒂，你太讓我吃驚了，我真不敢相信我看見的一切，能告訴我是什麼方法讓你趕跑了憂鬱嗎？」貝蒂笑了笑說：「戴爾，這幾年我覺得自己過得很得意。我幾乎每天都沉浸在那些得意的事當中。」我好奇地問：「你可真幸運，貝蒂，快說說你遇到了什麼好事？」

貝蒂又笑著搖搖頭說：「不，朋友，我並沒有遇到什麼特別幸運的事，而是我每天都想辦法讓那些最得意的事在我的腦海中縈繞。其實戴爾，不瞞你說，那些讓我得意的事都是一些在外人看來不值得稱道的事情，但是我把它看得很重要，而且它們好像也就真的變得很重要了。比如，你看，我現在很健康，我的工作也不錯。另外，我的丈夫很愛我，我還有一個可愛的女兒。這些都讓我很得意。」

我感到有些不解：「我不太能理解，這些東西真的很平常，幾乎每個人都擁有，你怎麼就能把它們當成你最得意的事呢？」

貝蒂想了想，說：「我想你也是知道的，一九四三年春天，我經營的雜貨店倒閉了。我不僅破產了，而且還為此欠下很大一筆債。我不知道多久才能還清那些債，而且當時我根本無法接受自己成了一個負債者。那時我喪失了所有的鬥志和信心，就像一隻打了敗仗的公雞，我每天垂頭喪氣地在大街上漫無目的地行走。我想過到銀行借點錢，也想過去找一份工作，可是我當時真的沒有振作起來的勇氣。直到那個人出現。」「誰？誰的出現？貝蒂，到底發生了什麼事？」

貝蒂接著說：「一天，我和往常一樣獨自走在街上，忽然我看見對街有一個殘疾人坐在一塊安有溜冰鞋輪子的木板上，靠木棍來支撐自己和滑動輪子。他艱難地撐著木棍，每當他經過一個人時，他就會真誠地笑笑，然後說：『早安，女士（先生），今天的天氣真好。』這話裡沒有一絲的悲哀，反而讓人覺得充滿了朝氣。這時有一股觸動我心靈的力量，讓我突然覺得自己並沒有多不幸，至少我還有兩條健康的腿，我不必在大街上乞討，我應該得意。那天以後，我真的振作起來了，而且懂得了常保快樂的方法。現在，我不僅還清了所有債務，還開了一家百貨商店，這次來倫敦就是來洽談業務的。」

聽完貝蒂的話，我突然覺得坐在我對面的是一個偉大的女性，一個領悟到了人生真諦的女性。女士們，故事聽完了，對於我剛開始的問題，你有答案了嗎？在這裡，我就給大家公佈答案吧，人一生最得意的事其實就是滿足於自己擁有而別人沒有的東西。我也是在見過貝蒂之後，懂得這個道理的，我甚至在自己浴室的鏡子上貼了一段話，這樣能讓我每天早上洗漱時都可以看見——「愚蠢的我還在為自己沒有一雙漂亮的皮鞋而難過，直到我看見一個沒有雙腳的人，所有的難過頓時消失得無影無蹤。」

女士們，趕緊問問自己吧，「我現在該做什麼？」「難道現在得到的這些還不夠嗎？」「我為什麼還每天都生活在煩惱中？」我相信，你們問完自己這些問題後，多半都會發現，其實很多讓自己煩惱的事情都是那麼不值得一提，那麼沒有意義，好像都是自己在給自己找麻煩。

事實也正是這樣，生活中難免會有這樣或那樣的麻煩，尤其是女士們的麻煩好像總是比男士要多一些。可是，細心觀察你就會發現，真正的麻煩並沒有你想像的那麼多，我們做的絕大多事都是很順利的，如果你學會將你的注意力集中在那些順利的事情上，每天想到的都是讓自己得意的事，那麼你會發現，你的生活將發生顛覆性的變化。

女士們，只要你願意，你就可以把自己擁有的一切變成巨大的財富，那樣你就會覺得自己比所有人都開心和滿足。不相信？好吧，那麼請你試著想想，如果我給你一百萬美元來交換你的雙眼，或者拿更多的錢換你的雙手或是雙腳，你會同意嗎？我想你們一定不會同意，因為那樣就會失去生命的意義，那是用再多錢也不能彌補的。

有的女士對繁瑣的家務深惡痛絕，那些總是沒完沒了的事情讓她們感到很煩惱，而且這些事情即使做得再好，好像也不能稱得上是什麼得意的事。有這樣想法的女士，我建議你去看一本名叫《我希望能看見》的書，這是一位名叫達安的老婦人所寫的。

達安失明已經五十多年了，雖然她的左眼還能發揮一些作用，可效果也是微乎其微。在她想要看書的時候，眼睛幾乎要貼在書本上才能看見。可即使這樣，達安從來沒有灰心過，而且最後居然奇蹟般地拿到了兩所大學的學士學位。達安女士在紐澤西州一個小村莊當過教師，在南達科他州一家學院教授過新聞寫作，她還經常參加各種俱樂部的演講和集會。當別人問她為何如此堅強的時候，她的回答是，「我無法克服失明帶給我的恐懼，所以我必須更加樂觀地去面對一切。」一九四三年，五十二歲的達安迎來了一生的轉折，美國一家著名的眼科醫院為她做了免費的視力恢復手術，手術很成功，她的視力恢復了很多。安達為此興奮不已，每天更加快樂了。她說自己目前的生活簡直太幸福了，她說現在看什麼都會覺得非常美麗，甚至在洗碗的時候，看見盤子上的泡沫，她也覺得美得妙不可言。有時在廚房做家事感到有些累的時候，她會順著廚房的窗戶向外看，看到藍天，看到偶爾飛過的雲雀，她會發自內心地感謝命運，感謝萬能的主，賜給她這麼多美好的東西，使她享受到人間的快樂。

女士們，你們在洗碗時注意過盤子上五顏六色的泡沫嗎？你們為自己能每天看見藍天、雲雀而感謝上帝嗎？我想很多女士的答案都是否定的，你們一直認為這些小事並沒有什麼值得高興的。現在，我們是否都應該感到慚愧呢？我們每天都生活在幸福之中，自己卻一點都不知道。

露西小姐是我在學習新聞寫作時認識的一位朋友，她告訴我一段她的親身經歷，一段因為煩惱而險些釀成悲劇的經歷。

露西是個很有能力的女強人，她每天的時間都安排得十分緊湊。除了正常的工作外，她不僅要學習新的知識，還要去主持一個演講班，同時還得參加各種宴會和舞會，忙碌的生活直到一次體檢後才結束。醫生嚴肅地告訴她，她的身體已經負荷不了她現在的狀況了，如果她不臥床休息一年，後果會是很嚴重的。露西當時覺得自己快要崩潰了，一年的時間，她可以做多少事啊，對她來說，休息一年後自己就會成為一個廢人。她不能接受這個現實，但又不得不按照醫生的指示去做，甚至因此患上了憂鬱症。

她的一位名叫魯德福的藝術家朋友知道這件事以後，特別來看她。當露西把自己的苦衷向魯德福傾訴完了以後，魯德福說：「親愛的，我不同意你的看法，這一年的時間並不一定是場災難，你完全可以把它當成是你人生寶貴的財富，因為你不僅可利用這段時間好好休息一下，而且你有這麼多時間可靜靜思考。我相信，一年以後你會發現一個全新的自己。」

露西接受了魯德福的建議，她開始調整自己的心態。一天，她無意間從廣播裡聽到這樣一句話：「你所說、所做，其實都是你內心的反映。」露西像抓住救命的稻草一樣，受到前所未有的震動。她對自己說，應該把心思放在她擁有的事物上，雖然自己臥床，卻是在休養，而沒有大病，且自己有更多的時間去讀書，還能經常見到朋友。最後，露西真的振奮起來了，不僅變得很快樂，而且心態一直到現在都很好。每當說起那段經歷，露西總會感歎不已。

女士們，世界上沒有任何東西比得上快樂，然而獲得快樂生活的最佳途徑，就是把精力放在每件事理想的那一面。所以女士們，每天清晨醒來，你都應該做一件事情，那就是想想自己現在擁有的「財產」。相信這樣，你的每一天都將過得知足而幸福。

學會找人傾訴心事

女士們，我想沒人會希望自己生病，更不會有人傻到想方設法讓自己得病。然而，事實上，在現實生活中，就有很多女士，特別是一些家庭主婦，總是在給自己製造著各種各樣的疾病，而憂鬱就是些疾病的根源。

我在波士頓參加過一次世界性的醫學課程，不過我認為它表面上被稱為醫學課程，實際上，說是一種臨床心理學實驗更為貼切。我和助手到達那裡以後，負責人告訴我們，這個課程每隔一周就舉行一次，而參加的人員（指那些病人）在進場之前都要進行徹底的身體檢查。那位負責人還告訴我們，其實這個課程真正的名稱叫應用心理學，它的目的是幫助被憂鬱所困擾的人，而到這裡來接受幫助的人很多都是家庭主婦。

這可是一門新興的學科，讓我對這件事非常感興趣。於是，我找到了它的創始人約索夫．布拉特博士，在和他長談之中，我終於明白了這個課程的來龍去脈。

約索夫說，在他多年的從醫生涯中，他接待過成千上萬的病人，讓他不解的是，那些前來求診的病人，尤其很多家庭主婦，其實在生理上沒有一點毛病，但不管他怎麼向她們解釋，病人都不相信，她們總覺得自己生病了，而且病得不輕。約索夫還跟我講了一個真實的案例，他說一次有個女士來看病，她堅持認為自己患上了關節炎，而且嚴重到兩隻手都不能活動了，但實際上並沒有那樣，那不過是骨骼產生的正常現象。還有一次，一位女士稱自己患上了胃癌，因為她覺得自己的肚子總是很脹，其實，她只不過是有點疝氣罷了。此外，還有很多這樣的例子，很多女士都認為自己患上了嚴重的疾病，而實際上在經過醫學檢查之後，發現這些女士根本就沒生病。後來，百思不解的約索夫針對這個問題請教了一些經驗豐富的老醫生，他獲得的答案都是同一個：她們得的是心病。

約索夫說他知道，如果自己也很固執地告訴病人，說她們真的沒有問題，那她們會乖乖地回到家裡，或是把這些疼痛和不舒服的感覺忘掉，或是重新找一家醫院再確診。對女士們來說，這無疑是一點用處都沒有。他心裡很清楚，沒有誰希望自己生病，如果真的能夠讓她們輕易地忘掉那些讓她們痛苦的事的話，女士們肯定早就照著去做了。而正是因為大多數女士做不到這一點，所以才會出現這樣的情況。所以約索夫就開設了這樣一個課程。

剛開始，這個課程不僅受到女士們的懷疑，大多數醫學界的人士也對此持懷疑的態度。然而，事實證明了一切，這個課程的效果好到出乎創辦人自己的意料。現在這個班已經開辦了十八年，很多病人都從這裡康復畢業，甚至有一些病人在病好了以後還願意在這裡繼續上課。

說真的，剛開始我也對約索夫說的話感到懷疑，我想會不會是他誇大了自己的能力。為此我特別找了一位在這個班上堅持學習了九年而且很少缺課的女士，並和她進行了一次談話。

這是一位開朗、健談的女士，她告訴我，剛來這裡時，她堅信自己的腎臟和心臟患有疾病。「那段日子我一直處於緊張之中，我每天都生活得很憂鬱。」這位女士笑著說，「那時候我還會莫名其妙地看不見東西，我絕望極了，我認為自己遲早會失明。」我問她：「那現在呢？」女士回答：「現在？現在很好，難道你看不出來嗎？我現在覺得自己很健康，而且也很自信，我的心情很愉快。以前我可不是這樣的，甚至有時候我想用死來逃避現實。我慶幸自己來到這裡，我不僅認識到憂鬱的危害，還知道如何去克服憂鬱了。我真想告訴每個我看見的人，說我覺得自己現在很幸福。」

這位女士看上去也就四十歲，懷裡抱著一個熟睡的孩子，我原先以為那是她的孩子，可當我知道那是她的小孫子時，我相信約索夫沒有對我撒謊，隨之也對這個神奇的課程感到好奇了。為了找到答案，我請教了這個班的醫學顧問盧斯·謝菲特，請她告訴我是什麼方法幫助了那些憂鬱的女士。

盧斯對我說：「我要做的事很簡單，我只需要告訴我的病人，讓她們去找一個自己很信任的人，然後向那個人說出自己心裡想要說的一切。在心理學上這種方法被稱為『淨化作用』。通常，我扮演的就是這個角色，我讓病人把所有的問題都說出來，而且我會很認真地傾聽。當一個人把所有的憂慮埋在心裡時，很容易產生精神上的緊張。其實也沒什麼大不了的事，說出來就會好很多。每個人都需要有人和自己一同承擔所遇到的難題，所以，我們這裡有一句口號，就是：「說出你的心事。」」

當時我就覺得自己真是不枉此行，這樣一條寶貴的經驗真是讓人受益匪淺。而且從那以後，我真的很少會感到憂鬱，每當我覺得自己心情不好時，就會找個人傾訴，並且在傾訴以後覺得自己很快就能恢復。

這個方法不僅是有科學依據，而且簡單有用，我建議女士們都可以試試。早在佛洛伊德時期，就有很多心理學家認為，一個不管患有多重的病的病人，只要他能夠說出自己心中的不愉快，那麼就一定可以把他內心的憂鬱釋放出去，這樣做的好處就是，整個人在說完自己的煩惱以後會變得很暢快。

所以，女士們，下一次碰到難題的時候，不要選擇一個人默默承受，去找一個自己相信的人，和他說說自己的心事。家人、朋友、鄰居、同事、醫生或是神父，我相信他們都會幫助你的，只要你對那個信任的人說：「我此刻真的被這個問題困擾，希望你能夠幫助我，聽我說完，並給我一些建議。」當你煩惱到一定程度的時候，我建議你去找心理醫生，大多數心理醫生是很專業的，而且他們的工作很重要的一個部分就是傾聽。我想，他們專業的技能會給你更多更好的幫助。

當然，如果能「防患於未然」，那就更好了。與其得了憂鬱症以後去醫治，不如提前想辦法避免它。多幾個能說心裡話的朋友，或是給自己準備一個「心靈記事簿」，記錄下那些能鼓勵你的文字，這都是我給你們的建議。真心希望每位女士都能找到適合自己的方法，遠離憂鬱給你帶來的困擾，做一個健康快樂、積極向上的女人。

感恩別人，但別苛求別人感恩

前一段時間我去了紐約，為了幫助一個整天生活在憂慮、抱怨之中，覺得自己孤獨寂寞的老朋友羅琳女士。去之前，我就做好了充足的心理準備，我知道我必須耐下心來去傾聽這位女士訴苦，雖然那些故事我已經聽過不止一遍了。但因為她是我的朋友，我必須前往，而且必須幫助她從憂慮中解脫出來。

豐盛的午餐之後，我們的談話開始了，羅琳女士講述起她的過去。她不厭其煩地反復強調，她對自己的侄子們有多麼好，在侄子小時候自己是怎樣盡心盡力地照顧他們、疼愛他們，當他們生病的時候，自己又是怎樣無微不至地呵護他們，甚至有一個侄子的大學學業也是在她的資助下完成的。

然後她傷感地說：「可是他們太讓我失望了，他們似乎並不感謝我給他們的恩情，好像這是理所應當的，你知道嗎？他們現在根本就不在乎我這個老太婆，有時想起了，他們也會來看我，可是並不常有，而且他們從來不會像你這樣耐心聽我講話。我也知道這樣會很煩人，可是我年紀已經這麼大了，他們難道就不能讓我這個可憐的老太婆發發牢騷嗎？他們從來不考慮我的感受，我想他們根本不認為我對他們有什麼恩情。」

我耐著性子，笑著聽完羅琳女士的講述，然後微笑著對她說：「羅琳，我很同情你，真的，我能想像你每天的生活有多麼枯燥，我給你講一個故事吧。就在前幾天，我的一個朋友來找我，看他悶悶不樂的樣子，我就知道他肯定有什麼心事。他告訴我去年耶誕節的時候，他給他的員工每個人發了將近三百美元的獎金。這可是他看到員工們很努力，主動發給他們的。可是，發完獎金後我的朋友卻很氣憤，因為沒有一個人對他說感謝。他說他很後悔發這筆獎金。」

「我的天！戴爾，你的這位朋友可真不聰明，這是去年耶誕節的事了，都快一年了啊！」羅琳女士驚呼道，「一年的時間，他都在為自己做的好事而生氣，天啊，他怎麼想的？而且，員工們沒感謝他也許是因為平時的待遇就不是很好，還有，可能是員工把聖誕獎金看成是他們應得的一部分。他真是不明智，要是我肯定不會那麼傻！」

我緊接著說：「羅琳，我可不認為你不會那樣，事實上，你和我的朋友想法是一樣的，而且你比他還要不明智。把你的侄子們看成是我朋友的員工，你看，事情是不是一樣？我的朋友為這事煩了一年，而你呢，都快為此煩惱了一輩子。」

從那以後，羅琳女士真的再也沒有向別人提起那些陳年舊事，她變得快樂起來，而且也不再認為侄子們去看望她是一件理所當然的事。

其實，很多人都有過這樣的煩惱，這也是很正常的。大家都希望別人能夠對自己的付出有所回應，都希望別人能夠對自己感恩戴德。但我不得不很遺憾地告訴女士們，忘記恩情實際上和自私一樣是人類的天性。有一句話說：「感恩是那些有教養的人才有的美德，你不要指望從普通人身上找到。」女士們，你們應該知道，苛求別人對自己感恩是一個很常見的錯誤，因為你還沒有真正瞭解人性。

我妻子有一位叫萊斯的律師朋友。一次在閒談時，萊斯對我的妻子說，她曾經不遺餘力地幫助過八十個罪犯，使他們沒有坐上那張可怕的電椅，免受了死刑的懲罰。可是讓她想不明白的是，這八十名罪犯中，沒有一個對她表示過感謝，甚至沒有一個寄過耶誕卡片給她。我妻子對萊斯說：「親愛的，你知道嗎，耶穌曾經在一個下午讓十個癱瘓的人重新站了起來，結果只有一個人對他表示了感謝，其他九個人全都跑得無影無蹤。」我欽佩我妻子的智慧，的確，聖人都不能得到別人的感恩，我們這些凡人哪還有那麼多要求。

我還想告訴妳們的是，我那次之所以特地去幫助羅琳女士改變她的態度，是因為她的醫生告訴我，她已經患上了很嚴重的情緒性心臟疾病。意思就是說，如果羅琳女士孤獨和憂慮的心態得不到及時的轉變，我就得失去一位朋友了。

其實，想要讓自己快樂起來並不難，我想告訴妳們一個秘訣，那就是把一切都看得平淡一些，要順應現實，而非不切實際地奢望用自己微薄的力量改變現實。這是讓妳獲得快樂最簡單也是最有效的方法，如果妳對這方法的效果表示懷疑，我希望下面關於我父母的事能改變妳的想法。

我小時候家裡不是很富裕，但父母卻都很樂於助人，他們每年都要從那微薄的收入中擠出一點來救濟孤兒院裡的孤兒。我的父母從來沒有去過那家孤兒院，他們不是想得到好的名聲，而且，除了偶爾會收到一兩封感謝信之外，沒有人正式地對他們表示過感謝。我問父母這樣做到底是為了什麼，他們回答我：「孩子，我們很享受幫助那些孩子時自己心裡的喜悅，我們的付出沒有想過要有什麼回報，但我們會為此感到驕傲，並且感到很快樂。」

後來，我開始工作，每年耶誕節前後都會給父母寄去支票，雖然錢不多，但我希望能夠讓我父母買一些他們喜歡的東西，可是他們並沒有用這些錢給自己買任何東西，而是將錢換成了日用品，送給了孤兒院，並對我說：「我們最想要的東西，就是幫助別人時得到的快樂。」

隨著年齡增長，我越來越體會到我的父母是有智慧、有高尚人格的人。要想使自己得到真正的快樂，就別去想別人會對你感恩，享受付出的過程，並以此為樂，你才能找到真正的快樂。

我的姨媽是我很喜歡的一位女性，她不僅是一個慈愛的母親，更是一個孝順的女兒。她從來沒有抱怨過她的兒女如何不孝，如何不知道感恩，因為她和兒女們住在一起已經二十年了，且兒女對她都是百依百順，很孝順她。不過，她的兒女們這樣對她，可不是出於什麼感恩的心，而是因為真正的愛，而且，我認為這樣的愛都是從我姨媽身上學來的。

記得我小時候，姨媽把她的母親接到家中照顧，同時還要照顧她的婆婆，而且她還有三個孩子。我去她們家玩的時候，那樣的場景我到現在都不會忘記，老人們安靜地坐在壁爐前的搖椅上享受著生活，孩子們很調皮，但是家中卻很整齊，很乾淨，那真是一種讓人從心裡覺得舒適的感覺。我想女士們都知道，照顧老人和孩子真是一件辛苦的事，可是姨媽從來沒有一絲的厭煩，而且做得很好。最重要的是，姨媽從來沒有要求她母親、婆婆或是孩子們對她感恩，在她看來，自己只不過是在做應該做的事罷了，這一切都是很自然的，也是她樂意的。

之所以要講這個故事，是想要告訴女士們，想要尋求快樂，就不要苛求別人感恩，把一切看成理所應當，你才會比較容易體會到人生的幸福和快樂。

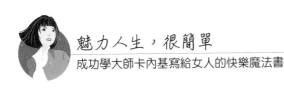

給生活加一些調味料

在我的培訓班上總是有很多女學員向我抱怨：「卡內基先生，我的生活沒有一絲快樂可言，平凡單調又枯燥乏味。我每天都像機器一樣重複地做那些無聊又瑣碎的事情，我覺得自己快要不能忍受了。」每次遇到這樣的情況，我的解決方法都很簡單，我會反問她們：「那麼女士們，請你們先回答我，你們是如何支配自己閒暇的時間呢？」通常情況下，那些剛才還在抱怨生活太單調的女士們會立即變得興奮起來，說她們喜歡健身，喜歡看電影，或者是喜歡種一些花草。

培訓班裡有個叫多莉的女士，她告訴我她對各種各樣的廚具特別感興趣，所以很喜歡收藏介紹廚具的雜誌，於是我讓多莉給培訓班的同學們介紹一下她的收藏成果。女士們，你們很難想像，多莉甚至讓我都感到吃驚了。那個抱怨生活沒有樂趣的多莉好像瞬間消失了，臺上的多莉非常興奮和驕傲地給大家介紹她所知道的有關廚具的知識。我清楚地記得，她不僅說了很長時間，而且幾乎給我們介紹了世界各地的廚具。在介紹的時候，多莉臉上的憂慮表情不見了，取而代之的全是快樂、幸福和滿足的表情。

我很高興地對多莉說：「多莉，恭喜你，你再也不用過那種單調乏味的生活了，你已經戰勝了憂慮。」多莉茫然地看著我：「卡內基先生，我不太明白您的意思，請告訴我發生了什麼？」我笑著說：「多莉，我知道你的生活很單調，你沒有足夠的財力去享受娛樂，而且作為一個已婚的女士你還有很多煩惱，比如丈夫、房子、食物和孩子等。可是，多莉你想想，當你把注意力放在你所喜愛的事情上時，就像剛才那樣，你還會想起那些讓你煩心的事嗎？還有時間去想嗎？你還會覺得生活枯燥單調嗎？」一聽完我的話之後，多莉臉上露出了會心的笑容，我想她終於明白該怎樣讓自己不再被憂慮困擾了。

女士們，不知道你們是否同意我的看法，至少我認為，單調、平淡、乏味的生活算不上是幸福美滿的生活，它稱得上是一個冷酷的殺手，把你的快樂和幸福全都毀滅得一乾二淨。所以女士們，鼓起勇氣開始改變吧，讓你的大腦獲得更多的新鮮養料，讓你的生活變得豐富多彩。你問我怎樣做才能讓自己的生活變得豐富，我想剛才已經給女士們答案了，那就是你得有一個正當的興趣。

什麼樣的興趣都好，就算在別人眼裡看起來很無聊的興趣，只要你覺得它能讓你快樂，那麼你的生活就一定能因它而改變。家庭主婦的生活算是大家公認最無聊的生活了，她們每天重複做著相同的家務，有一點空閒時間就守在電視機旁看肥皂劇，這麼日復一日、年復一年地過著痛苦的生活。事實上，她們完全可以不這樣過，也許做完家事後的空閒時間她們應該去參加家庭以外的活動，可能就因為這樣小小的轉變，就可以使自己過得更快樂，也可以讓自己有更好的心情和家人相處。

培訓班裡有一個和其他學員很不一樣的女孩，她叫卡夏。說她不一樣，其實是因為她到培訓班的目的和大家不一樣，她並沒有一點憂慮，她來的目的是為了讓自己更充實。我很關注她，發現她每天好像都很忙。

就像那天，我一宣佈下課，卡夏就匆忙地拿起自己的東西，準備離開教室。我急忙叫住了她，好奇地問：「卡夏小姐，我看你每天都匆匆忙忙，有很多事要做嗎？」卡夏笑著對我說：「是啊，先生，我還要趕著去上舞蹈課，晚上還有繪畫課。」「可是卡夏，你把自己的時間排得這麼緊，難道你不會覺得累嗎？」「一點也不累，卡內基先生，我覺得自己一閒下來，就會胡思亂想。所以，我寧願讓自己過得忙碌、緊張一點，我可不想整天像個怨婦一樣去過那種單調無聊的日子，真不好意思，卡內基先生，我快遲到了，我得走了。」說完，卡夏就和我道別，然後很快地離開了。

卡夏小姐真是一個聰明人，她為自己找到了快樂的秘訣。就當我還在思考卡夏小姐的生活秘訣時，班上另一位小姐奧立佛過來找我，並對我說：「卡內基先生，抱歉打擾您了，但我實在不得不來打擾您，我按您的辦法做了，可我還是快樂不起來。我唯一的愛好就是看電影，聽了您的建議後我經常去電影院，可是每次看完之後還是覺得傷感。真不明白，那麼多的人每天都可以過得很精彩很快樂，為什麼我就註定要這麼難過呢？」

我聽後，把卡夏的故事告訴了奧立佛小姐，並對她說：「希望能對你有幫助。」奧立佛聽後若有所思地離開了。一段時間以後，她激動不已地找到我，並告訴我自己真的做到了。她培養了自己新的興趣，每逢周日，她就約幾個志同道合的朋友一起去登山、去郊遊，每次從中體會到的前所未有的刺激，都讓她覺得自己獲得了新生。奧立佛還告訴我，現在她又對滑雪產生了濃厚的興趣，雖然只是個初學者，還會經常因技術不熟練而摔倒，但是她卻覺得很快樂。我問她：「那你現在還覺得生活單調枯燥嗎？」奧立佛笑著說：「卡內基先生，不會了，現在我根本沒有時間去想那些煩心的

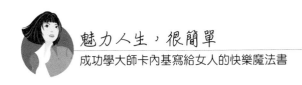

事，太多的事我都還沒做完呢。」

這世上煩心的人可真不少，就在幫助奧立佛小姐成功擺脫憂慮之後，訓練班上又來了一位情況比奧立佛小姐還要糟糕很多的作家。為什麼這樣說呢？因為奧立佛至少還有個看電影的愛好，可這個作家是一個連自己喜歡什麼都不知道的人。她曾試過讓自己喜歡小提琴，可拉出來的琴聲讓她自己都受不了；她還試過讓自己喜歡繪畫，可是畫作真的讓人不敢恭維。諸如此類，什麼攝影、收藏、運動……她試過很多東西，可就是沒有一個成功的。

這樣看來，卡夏小姐快樂的秘訣並不適合這位女士，因為這位女士缺少的不是興趣，而是沒有一個興趣能讓她獲得滿足感。於是，我把一位鋼琴師朋友介紹給她，讓她耐心地開始學習鋼琴，並讓她堅持不要放棄。過了很長時間，作家找到我，說自己真的好了很多，雖然現在僅僅能彈奏出一首簡單的曲子，但現在每當工作、生活煩悶的時候，她都會彈彈鋼琴讓自己放鬆。她覺得自己的生活不再單調了，因為她現在的生活中除了稿紙和書，還有了音樂。

我還想告訴妳們的是，在你們培養興趣來改變自己單調生活的同時，實際上還從客觀上激發了自己的潛能和活力。這一點發現，來源於我的鄰居沃森太太。

沃森太太已經上了年紀，丈夫去世早，孩子們都在外地工作，可是沃森太太的生活卻不像大家想像的那樣無聊，相反地，她把生活安排得非常快樂和充實。丈夫去世以後，沃森太太喜歡上了園藝，她幾乎把所有的時間和精力都放在那上面，現在，她擁有了一個自己的小花園。每天吃過晚飯，鄰居們都會到她的院子裡，和她一起欣賞那些美麗的花，聽著鄰居們對植栽的稱讚，看著大家愉快地享受著美麗的景色，沃森太太心裡十分滿足。

後來，沃森太太又迷上了橋牌，於是在週末空閒時間，她就邀請一些同齡的鄰居，和大家一起玩上幾局。沃森太太甚至還組織了一個橋牌協會，自己擔任會長，小小的協會有十幾個人參加，辦得有聲有色。

我對沃森太太說：「沃森太太，您真了不起，您現在不僅比以前有精神多了，我還覺得您變年輕了。」沃森太太很開心地說：「親愛的戴爾謝謝你，等你到我這個年紀時你就知道了，每天愁眉苦臉的人只會像我丈夫那樣早早離開。你看，我現在過得多好，有這麼多讓我開心的興趣，可以做這麼多事，生活變得有意思多了。」

女士們，還沒有心動嗎？難道你還不想改變單調乏味的生活嗎？別猶豫了，去為自己尋找一些新的興趣，給自己單調的生活創造一些樂趣吧！

不要認為自己現在沒錢，沒有實力，不能去享受生活。親愛的女士們，這是一種很可怕的錯誤想法。快樂為什麼要寄託在明天呢？快樂難道必須得用金錢才能滿足？去品嘗一塊美味的蛋糕，只需花上幾美元；一件漂亮的衣服，只需花上幾十美元；哪怕一次小小的旅遊，最多也只需要你花費幾百美元，我相信這些你們都做得到。所以女士們，不必等待富貴之後再去享受生活，而是應該從現在就開始。

積極的心態是一種習慣，如果你說你還是不能從今天開始做起的話，那麼我遺憾地告訴你，就算你以後真的有了錢，有了時間，那麼你的生活狀態仍舊不會發生任何變化，因為你已經習慣了這種枯燥無味的生活了。你的激情，你的雄心壯志，你的靈氣，什麼都沒有了。

女士們，開始行動吧，就從這一刻開始，讓自己的生活變得豐富多彩、快樂幸福。保持快樂是人生最重要的事，最好的辦法就是抓住生活中的每一個閃光點，讓生活不再單調，你就能愉快地享受生活。

坦然面對別人的批評

如果我問：「女士們，你們覺得自己完美嗎？」我相信，平心而論，沒有一位女士會認為自己是一個完美無缺的人。事實也是這樣，這個世界上並沒有什麼東西是完美的。既然我們並非完美，那麼犯錯也就在所難免了。犯了錯理所當然會受到別人的批評，而且，有的時候即使你並沒有犯錯，但對你的批評也會如期而至，且這些批評都是些充滿惡意的責難。如果我繼續問：「女士們，你們是否能不介意別人的批評？」我相信，大多數人的答案都是「不能」。在日常生活中，我們都會遭受別人的批評，善意的也好惡意的也罷，很多女士往往是不能接受批評，她們還常常會被這些批評弄得憤怒、懊惱、憂慮或是煩躁不安。

我的培訓班有一位名叫愛麗絲．波恩納的女學員，她是一家美國大企業的副總裁，是個十分成功的女性，可就是這樣一位在別人眼裡看起來十分成功的女性，卻告訴我她在工作中體會不到一絲的快樂，所以她希望我能幫助她。

「卡內基先生，我實在受不了現在的處境了，我覺得十分痛苦，我希望您能幫幫我。」還沒等我說話，她又接著說：「我希望自己能做得很好，我也真的很努力了。可是，還是有人不滿意我，他們總是以挑剔的眼光看待我。」

通過愛麗絲的敘述，我發現她是一個很敏感的人，對別人的批評非常在意。她追求完美，所以在公事上她渴望自己能做到盡善盡美，更希望所有員工都把她當成一個完美的領導，一旦知道有人對她表示不滿，哪怕是很小的一個批評，她也會為此好幾天睡不著覺。

愛麗絲說自己為了讓別人沒有批評的理由，她做了很多努力，可不知道為什麼，這些努力總是弄巧成拙。常常是她取悅了一個人，卻得罪了另一個人，再去取悅這個人的時候，其他人對她又有意見了。這樣的惡性循環已經讓愛麗絲有些承受不了了。

我十分理解並同情愛麗絲的處境，也很想幫助她擺脫這種無盡的煩惱和痛苦，所以我決定講一些成功女性的故事來激勵她。

我說：「親愛的愛麗絲女士，我想問問你，你覺得你和羅斯福總統夫人比起來，誰更優秀呢？」「先生，您是在開玩笑嗎？我怎麼能和總統夫人相比呢。」愛麗絲吃驚地說，「她在我眼中是最偉大的女性。」我笑著對她說：「看來我找對方向了，你知道嗎？羅斯福夫人在歷來第一夫人裡面是擁有最多朋友的，但擁有的敵人也是最多的，且羅斯福夫人也是受到批評最多的第一夫人。」

愛麗絲顯然有些懷疑我的話：「真的嗎？像她這樣的女性也會受到批評？」我說：「愛麗絲，我沒有必要騙你。我曾經還為此採訪過羅斯福夫人，我問她如何對待那些惡意的指責，她說自己曾經也是一個非常害羞且害怕受到別人批評的女孩，那時候的她和你一樣害怕別人批評。這樣的情況一直持續到有一次她去看她的姑媽，閒談中她告訴姑媽自己很想做一些事，但她害怕別人的批評。姑媽鄭重其事地對她說：『孩子，你要記住，只要你認為是對的，那麼就大膽地去做，不要在乎別人的說法，誰也不可能讓所有人喜歡自己。』簡單的幾句話被羅斯福夫人牢記在心，並且成為她在白宮歲月中的精神支柱。」

看著愛麗絲恍然大悟的表情，我相信她一定知道以後該怎麼做了。事實也證明，愛麗絲的確是做到了，現在的她不僅成功，而且很快樂。愛麗絲屬於那種很聰明的女人，但似乎很多女士並不能像愛麗絲那樣立刻明白這個道理。對待別人的批評，她們總是耿耿於懷，並且馬上站起來反擊。女士們，我想告訴你們，將別人的批評一直耿耿於懷是一件很危險的事。

這是我的親身經歷，我以前也是一個容易把別人的批評放在心上的人。那已經是幾年前的事了，《紐約太陽報》一位記者參觀了我的成人培訓班之後在報紙上發表了一篇文章，我不知道他有沒有惡意，反正那篇文章對我的工作方法及我個人進行了攻擊，我當時十分氣憤，我覺得這是對我人格的一種侮辱，於是我立即給報社的主編打了電話，要求他必須馬上再刊登一篇文章解釋清楚。我想讓那名記者知道犯了錯是要受到懲罰的。

報社主編確實按照我的意思去做了，我當時心理上好像也得到了一定程度的滿足。可是事後，我再回想起這件事時，心裡好像沒有一絲得意的感覺，反而覺得自己做了一件很無聊的事。女士們，請你們想想看，購買《紐約太陽報》的讀者可能有一半根本不會看到那篇文章，看到文章的讀者又有一半的人根本不會用心去看它，就算用心去看它的讀者，估計只需幾周的時間，就會將這件事忘得一乾二淨。而我那樣，不是在自尋煩惱嗎？

女士們，通常只有那些高估了自己在別人心目中地位的人才會把別人的批評太放在心上。說真的，除了你自己，沒人會關注那些批評的話語，所有的人只有時間去考慮自己，誰會浪費時間去思考你的事？對於大多數人來說，下一頓應該吃什麼遠比你是否得了絕症重要得多，沒有人會真正地去關注別人，包括你。

我的話也許在有的人看來有些偏激了，但我說的是事實。就好比愛麗絲，她自己認為公司每個員工都會在意別人對她的批評，而實際上沒人關心這些事。結果，她為了達到自己理想中的完美，得罪了不少人，直到所有人都對她的批評感興趣了，那時的她真的已經得罪了所有的人。女士們，沒人十全十美，也沒人可能讓全世界的人都喜歡自己，只有那些能夠笑對批評的人，才能夠過上快樂的生活。這個經驗是我從海軍少將巴斯勒那裡學來的。

巴斯勒是一名很會耍派頭的美國海軍少將。他告訴我，他年輕時是一個非常敏感的人，年少的他十分渴望能功成名就，所以會不自覺地在乎別人對自己的印象。巴斯勒說，那樣的生活很壓抑，完全好像是為了別人而活著，沒有了自我，別人對自己哪怕是一丁點的批評，都能讓他好幾天睡不好。他還對我說：「那時真的很慘，自己又很在乎，而且別人說的話也真的很難聽，流浪狗、毒蛇、老鼠，這樣的稱呼已經算好的，反正只要能在英語辭彙中找到的骯髒的詞語，別人都曾在我的身上用過。」「那麼您是怎麼樣改變的呢？」「這真的得感謝部隊這幾年的生活，我不僅練出一身結實的肌肉，還培養了堅強的性格。現在已不會那麼在意別人說什麼了，就算聽到有人辱罵我，我也不會有什麼反應。」

事實上，巴斯勒現在是一位很優秀的少將，而且他十分快樂，別人的批評不能再傷害他了。可是，女士們的自尊心好像受不了那支利箭的傷害，很多女士們在面對別人的批評或辱罵時，想要讓她沒有一絲反應幾乎是不可能的。這只能說明，你還沒有領悟到一些事情的真諦。

喜歡聽廣播的女士一定知道茱麗亞・羅斯這位有名的節目女主持人，她是一位聰明且心理素質相當不錯的女士。茱麗亞每週日下午都要主持一個音樂節目，在節目結束之前她還喜歡加上一段自己的音樂評論。一天，一位聽眾給她寫了一封信，信上說茱麗亞是個不折不扣的騙子、白癡、毒蛇。茱麗亞看完這封信之後，不僅沒有任何激動的情緒，而且在當天的節目中把這封信念出來了，這個觀眾不依不饒地緊接著又寫了一封惡毒的信，茱麗亞仍舊在廣播中念出來並且開玩笑地說：「看來這位憤怒的觀眾是不會改變對我的印象了。」

女士們，不知道你們是怎麼想的，至少我是真的很佩服茱麗亞的真誠和大度。我想她的成功和她這樣大度的心胸必定有著一定的關係，如果她沒有這樣良好的心理素質，不能如此輕鬆地對待別人對她的批評和否定，那麼她現在的事業也不會這樣成功。

我想大家都知道我很崇拜林肯，而且對他有一定的研究。林肯在對待別人的批評和攻擊時說過這樣的話：「對於那些惡意的攻擊，只要我不做出任何反應，那麼這些責難就變得沒有意義，而且事情很快就會結束。」美國的麥克阿瑟將軍，英國的邱吉爾首相都很欣賞這句話。

各位親愛的女士，我希望這位政界領袖的話會對你們有所幫助。你們要記住，不管什麼事，只要自己盡力了就好，別讓不相干的人用批評的箭刺傷你的心。我們不是聖人，生活中各種各樣的批評肯定在所難免，既然無法避免，就坦然去面對，不能受它的干擾。

最後我還想說的是，我們對待惡意的批評的確不該放在心上，但是那些善意的，對我們真正有幫助的批評，我們應該接受，那樣我們會成熟得更快。

享受獨處，但要驅趕孤獨

我的妻子在應邀參加加州一所大學舉辦的女青年晚宴聚會回到家之後，我發現她似乎有些不愉快，我問她是不是在晚宴上發生了什麼不愉快的事。她並沒有直接回答我的提問，而是說：「親愛的，你知道嗎，現在最流行的疾病是孤獨。」我不明白妻子為什麼突然跟我說這些，她告訴我，這是那所大學的校長在晚宴中的演講裡面提到的。

難怪我的妻子會顯得不快樂了，這也是我極其不願承認的一個事實，但又不得不承認，孤獨確實在我們中間，而且有很多人的快樂都被孤獨剝奪了。妻子告訴我，那位校長在演講中說，因為各種原因，現在人們已經無法使親情和友情持久，現在的社會像陷入了冰冷的北極，每個人的內心都十分寒冷。這位校長確實很有見地，在幾年前，我也遇到這樣一個孤獨的女士。

這位女士是我的一位學員，她的丈夫在幾年前意外死亡。無法接受事實的她陷入了無盡悲痛之中無法自拔，而且她發現自己被捲進了千萬孤獨大軍的隊伍裡面，被孤獨折磨得痛苦不堪的她甚至想過離開這個世界。最後，當她知道了我的這個培訓班的存在，她抱著一絲希望找到我，希望能從我這裡獲得幫助。

我安慰了她很長時間，幾乎用上了所有我能想到的安慰人的語言，可是很遺憾，這些似乎對她沒有任何幫助。談話快要結束的時候，她還是絕望地對我說：「丈夫不在了，孩子也不在身邊，我也老了，什麼希望都沒有了，我不可能再幸福了。」我可以判定這位可憐的婦人已經得了嚴重的自憐症，最可悲的是，她根本不知道自己得了病。我想要規勸她，不要沉浸在過去的痛苦之中，我讓她敞開自己的心扉，去結交新的朋友，培養新的興趣，她沒有接受我的建議，失望地離開了。最後，自憐症越來越嚴重的婦人沒有了朋友，沒有了愛好，沒有了希望，甚至和自己的孩子也成了仇人。

這個世界真的很冷漠嗎？還是其實真正冷漠的是那些孤獨的人？女士們，如果你也是一個感覺孤獨的人，那麼我想請你問問自己，是不是把別人對你的愛和對你的好當作了理所當然的事？而這也恰恰就是人們產生孤獨感的最根本原因。

女士們，世上沒有無緣無故的愛，也沒有無緣無故的恨，你們得明白，沒有人會毫無理由地去愛一個人，也沒有人會毫無理由地去和一個人做朋友，並且對她好。你都沒有想過付出，憑什麼要求別人對你付出呢？你想要獲得幸福快樂，又不願意付出，只想等著別人對你付出，這怎麼可能呢？想要成為受歡迎的人，想要擁有快樂幸福的生活，你能做的不是奢望別人佈施，而是該學會自己去爭取。

其實每個人身邊都有好多人，按理說一個生活在人群之中的人是不會感到孤獨的，可是現在很多人患上「孤獨」這種疾病也是不爭的事實，這到底是為什麼呢？其實這主要就是因為他們不能對別人敞開自己的心扉。也許他們不是一開始就這樣，但在他們失去過一部分親情和友情之後，他們認為自己受到了很大的傷害，開始同情和可憐起自己，於是患上了一種稱之為「自憐症」的心理疾病。他們不再主動去向別人示好，然後就越來越覺得自己孤獨可憐，如此惡性循環，直到病情越來越嚴重。

幸好並不是所有人都像那位女士一樣脆弱，還是有很多人很有毅力想要去戰勝自己的孤獨。

六十歲的梅森太太是我的一個遠房親戚，說起她的遭遇，比起上面的那位女士好不了哪兒去。她的丈夫也是在一次意外中喪生，而且她還沒有孩子。剛開始，她也一樣不能從痛苦中解脫出來，因為在這之前，丈夫可說是她生活的全部。可是雖然真的很難過，理智的她明白這一切都已經過去了，自己必須重新開始，於是在親友的安慰下，她把自己所有的時間和精力都放在自己唯一的愛好——畫畫上，她希望能夠借此找到精神寄託。

最後，她成功了，她不僅擺脫了過去的陰影，還憑藉著這個愛好創出了自己的事業。現在，她已經是一個能夠經濟獨立的單身女性了。當然，在她走向成功的這段時間裡，遇到的困難我們可想而知。一開始，她幾乎不想和任何人打交道，因為已經習慣了丈夫的陪伴，她甚至不知道該如何和其他人接觸。不過，她沒有放棄，她不斷勸說自己，不斷努力爭取，她經常去探訪她的朋友，並帶著自己的畫去和她們一起欣賞，和她們共進晚餐。沒有人拒絕過她，而且好像都很歡迎她，她覺得自己的付出得到了回報，於是做得更好。

她告訴我說：「其實最能幫助自己的人就是自己，想讓別人接納自己最好的辦法就是主動出擊，當別人知道你希望他能接納你時他就會接納你。」

女士們，戰勝孤獨的前提就是要戰勝自憐。當生活中遇到打擊的時候，請鼓起勇氣，找尋溫暖的人群並融入其中。記得要告訴自己，應該認識新的朋友，應該擁有新的生活，不管在哪裡，都要高高興興地和別人分享你的快樂。

我在培訓班裡經常對我的女學員們強調，讓她們一定要有戰勝孤獨的勇氣。這倒不是因為什麼性別歧視，而是女性確實更容易陷入孤獨的境地。有統計表明，結婚後的女人往往要比男人長壽，因為有人陪伴，女士們會開心、快樂，不知道孤獨是什麼滋味；也有統計表明，一旦女士們的先生先離她們而去，那麼她們就很容易陷入孤獨的境地。

一位女士向我抱怨說：「因為工作的原因，我們一家人要經常搬家。雖然丈夫很愛我，孩子也很聽話，我的工作待遇也不錯，可我就是常常會覺得很孤獨。」我問她有什麼興趣愛好，女士說沒有，因為沒心思做別的事情。我又問她如何安排下班後的時間，女士說好像也沒什麼安排，該怎麼過就怎麼過。

談了一會兒之後，我找到了這位女士的病因：大都市快節奏且經常要搬家的生活方式讓她無法保持住身邊的友誼，如此一來，會產生孤獨感也就不足為奇了。但這只能說是客觀的原因，主要原因還是她沒有先向別人伸出友誼之手。也許是心態的問題，她完全可以做一些自己感興趣的事情，而且在她到達一個新地方的時候，實際上她是有很多事情可以做的。她可以參加一些社團，可以參觀一下教堂，這樣她就可以認識很多新朋友；或者參加一些培訓課程，不僅可以學到東西，還可以與陌生人建立友誼。就像你不把硬幣投入零錢箱，即便是地鐵這樣方便快捷的交通工具，對你也沒有任何意義。

兩個同樣從鄉村來到大都市工作的女孩，一個最後獲得了成功，另一個則在失敗後返回了老家。

獲得成功的那個女孩很聰明，她知道一個單身女孩來到紐約這樣的大都市，會產生孤獨感是不可避免的，所以她總是把生活安排得很緊湊，不讓自己有空虛的時間，除了工作之外，她參加附近舉行的各種活動，還參加了一個社團，甚至為了交朋友而去學習如何改變個性。她每個月的薪水有很大一部分用來交際，她的生活每一天都很豐富多彩。

那位回家的女孩，同樣在來到紐約後感到了寂寞，但她不是去想怎樣把生活安排得井井有條。她也渴望朋友，所以她選擇了自己的方式，去夜店、酒吧這樣的娛樂場所尋找朋友。最後，她還加入了一個社團，不過是一個戒酒社團。

兩個同樣背景的女孩，在紐約兩年的打拼之後，卻有了不同的命運。為什麼會這樣？或者說讓你選擇，你希望自己是誰？我想聰明的女士們心中早有了答案。

的確，有時候在大都市生活會比在小城鎮更容易讓人產生孤獨感，但只要你不願意孤獨，並且去做一些努力，花一點心思結交朋友，我相信你會過得不錯。

愛和友誼是上帝賜給人類的無價之寶，只要你付出真誠和真心就可以擁有它。女士們，如果你覺得自己不能做到，那麼你只能得到最可怕的懲罰——孤獨。孤獨的人是最不幸的，而且這些不幸都是她們自己親手造成的。所以，女士們，要想擺脫孤獨，依靠別人是不可能的，你們必須得通過自己的努力，而且我相信你們一定做得到。

不必凡事追求完美

我的培訓班上有一名叫蘇珊的女士，我認為蘇珊可說是個幸運兒，因為上帝賜給了她太多美好的禮物——迷人的美貌、不凡的氣質以及一份令人羨慕的工作。說真的，我不太明白她為什麼要來參加我的培訓課，我覺得這樣的女士是沒有理由來這裡的，可她還是來了。

我們聊天時，蘇珊十分苦惱地告訴我：「卡內基先生，我也知道您的疑惑。的確，在別人看來我應該很快樂，可實際上我也有煩惱。我承認我長得是不錯，可我的頭髮是黑色的，如果我有一頭漂亮的金髮，那麼我就真的完美了，但是我沒有。至於你們看見的好工作，那更加讓我耿耿於懷。我真的已經很努力地去做了，如果不是一些小意外，我現在應該已經做到經理的位置了。我真不明白，為什麼事情都不能如理想中那麼好。卡內基先生，這些事讓我十分困擾，讓我不快樂，您說我該怎麼辦？」

「蘇珊，我很肯定地告訴你，你患了『完美主義綜合症』。」「完美主義綜合症？」蘇珊疑惑地看著我。「是的，蘇珊，為什麼要這樣折磨自己呢？生活中哪有那麼多完美的事情？有的缺憾是我們怎麼努力都不能彌補的，而且，有的東西因為有了缺憾才存在啊，這是必然的且不可改變的事實，我們保證不了事事都完美，但卻完全可以讓自己有一個完美的心境，何苦讓自己一直沉浸在不完美的遺憾中呢？」

第二天上課時，我沒有看見蘇珊。幾天以後，她打來電話說：「卡內基先生，謝謝您，您的一番話讓我重新找回了快樂和幸福。我現在明白了，不能沉浸在缺憾的痛苦之中，像我那樣追求完美，其實是在折磨自己。」

我接受了蘇珊的感謝，因為我真替蘇珊感到高興，這個世界又多了一位聰明美麗而且幸福快樂的女性。我想，像蘇珊以前那樣的女士應該還有不少，她們依然在忍受著不完美的折磨，且這些折磨使她們變得焦慮、不安。我想勸勸她們，卻得到一大堆的抱怨：「卡內基先生，您不覺得您這樣很不負責任嗎？您居然讓我們去和蘇珊相比？漂亮的外表、不凡的氣質、令人羨慕的工作，正是因為沒有這些，我們才會煩躁不安，如果我們能像蘇珊一樣擁有這些，我們就不會參加這個培訓班了。」

這話可不是我自己瞎想出來，這是昨天一位身體微微發福、相貌平平的家庭主婦對我說的。聽完她的抱怨以後，我很平靜地問她：「請問您有孩子嗎？」她有些不解地說：「當然，有三個呢。」我點了點頭，繼續問：「您丈夫是做什麼的呢？您家裡每個月的開銷夠嗎？孩子們的學習成績都怎麼樣？您丈夫對您怎麼樣？」她想了想，說：「嗯，我丈夫是個公司的小職員，他的工資加上我做一些零工的錢足夠一家人的開銷了；孩子成績還行，小女兒的成績最好，每次都能考前幾名。丈夫挺愛我的，每當過節或是什麼紀念日的時候，他都會給我一些小小的驚喜……」看著她完全沉浸在自己幸福的敘述中，我笑了，然後對她說：「您笑得可真讓人羨慕，看得出來您感覺很幸福啊！」她不好意思地笑笑，我接著說：「既然這樣，您還覺得不滿足嗎？」她想了想，然後恍然大悟地對我說：「您說的沒錯，我的確很幸福，沒有不快樂的理由。」

如果我們對於蘇珊女士和那位家庭主婦過分追求「完美」的經歷有一些同情的話，下面這個故事的主人翁，因為追求完美而害人害己的做法就實在令人不敢恭維了。

有一次我和哲學家約翰．喬納森談起人應該如何看待完美，他給我講述了佛經《百喻經》裡面的一個小故事。

故事的背景是在古印度。說有一位富商，他有個漂亮的妻子，夫妻倆很恩愛，在外人看來，他們可說得上是世界上最幸福的夫妻了，但是大家不知道，商人心裡卻始終有一件事讓他耿耿於懷。原來，商人的妻子真的很漂亮，但如果單看五官的話，鼻子並不是十分完美，商人對此很是遺憾。他的妻子也因為丈夫如此在意，而每天都很苦惱，幾乎天天都對著鏡子不停地撫摸那隻「醜陋」的鼻子，心裡十分難過。

一天，商人外出回家經過一個販賣奴隸的市場，廣場上很熱鬧，聚集了很多人，愛湊熱鬧的商人也順勢靠了過去，只見一個奴隸販子正在向圍觀的人介紹一個瘦弱單薄的女子。本來商人家中不缺奴隸，可他發現這個女奴長相雖然一般，卻有著一個稱得上完美的鼻子。商人控制不住激動的心情，不惜花重金買下了這個有著迷人鼻子的女子。

商人興高采烈地帶著女子趕回家，一路上想的全是妻子漂亮的臉龐配上那個完美的鼻子，且越想越激動，於是一到家，商人就迫不及待地把女奴的鼻子割了下來，然後拿著血淋淋還帶著溫熱的鼻子朝妻子的房間跑去：「親愛的，你肯定想不到，我給你帶來了什麼無價之寶。」他的妻子聽到丈夫的聲音，匆匆從屋裡跑了出來，還沒等她弄清到底發生了什麼，一道亮光從眼前閃過之後，鼻子就劇烈地疼痛起來。原來是商人從懷裡拿出一把鋒利異常的刀子，把妻子的鼻子削了下來。

妻子一聲慘叫之後，商人趕忙拿起那個漂亮的鼻子往妻子的臉上貼，可不管怎麼貼，漂亮的鼻子還是掉下來。商人後悔不已，終於明白漂亮的鼻子不可能長在妻子的臉上，而且以前的那個鼻子，也不再能屬於他的妻子了。

這是個很有哲理的故事，過分追求完美的結果只會給自己帶來更多的遺憾。我記得當時我問喬納森怎麼看待那些追求完美的人，他又給我講了一個小故事：

有個小孩犯了一個很小的錯誤，可是一心想把他培養成擁有完美品格的媽媽卻因此不停地責備他。在一旁的爸爸拿出一張白紙，用筆在紙上畫了一個小黑點，然後他問孩子的母親：「親愛的，你看這張紙上有什麼？」孩子的母親不假思索地說：「還能看到什麼？你畫的小黑點啊！」孩子的父親會心地笑笑說：「可是親愛的，它大部分還是白的啊！你對我們的兒子是不是太苛刻了？為什麼你只能看到那些不完美的地方呢？」

「戴爾，你知道嗎，我一直認為追求完美的人才是世界上最不完美的人。」在講完故事以後，喬納森語重心長地對我說。

追求完美並沒有錯，錯就錯在追求得過分了。物極必反，過分了反而不如不追求完美。說個最簡單的例子，有哪個女士不希望自己的房子永遠乾淨整潔呢？可是我們真的能每一分每一秒都保持整潔嗎？太過於追求完美的結果就是讓你每天都生活在痛苦的折磨之中。

很多崇尚完美主義的女士，對什麼都要求嚴格，一副發誓不做到完美誓不甘休的樣子。可是事實就是，她們都在給自己編織童話般不可能實現的夢。所以到了最後，她們一個個都變得心灰意冷，對什麼都失望透頂。

很多過分追求完美的女士都會因為始終達不到自己的標準而感到失望，然後形成一種惡性循環，最後，在這種循環的作用下變得意志消沉，情緒焦躁，甚至沒有勇氣再去面對生活。

對於這些女士，我強烈建議你們培養一種「不完美主義」。女士們，當你們真的盡了最大的努力，花費了很多心思之後，可還是沒能達到預期目標的話，那麼就請你選擇放棄，這樣的放棄不是懦弱，而是一種高境界、高智慧的表現。讓自己靜下心來，不要再去想那些已經不能完美實現的事情。如果對於事情的每個過程都要求完美，反而很容易感到事事都不順心。

很多自尊心很強的女士，為了讓自己變成別人心目中的強者，她們會努力去做很多別人期待，但自己其實很不願做的事。其實這些事就算女士們把它做好了，成功了，又能說明什麼呢？在別人眼裡你就真的完美了嗎？其實，想讓自己完美最簡單的方法就是你得堅信自己是完美的，當你相信自己完美的時候，你就不會活在別人的世界裡了。

最後，我還想說的是，真正幸福快樂的女人不必刻意去追求所謂的完美。

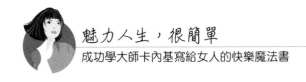

當快樂遭遇貪婪

「就像糖果雖然美味，可是會蛀蝕你的牙齒一樣，貪婪也許會讓你感到一時的興奮，可卻會蛀蝕你的快樂。」女士們一定要牢記這句話，世上最可怕的慢性毒藥就是貪婪，它在你完全不知情的情況下一點點地侵蝕你的快樂，甚至你的心靈。它會讓你原本純潔美麗的心在被可怕的毒藥浸泡後變得千瘡百孔、慘不忍睹，當你允許貪婪駐紮進你的心裡時，你就永遠失去快樂了。

我絲毫沒有恐嚇女士們的意思，貪婪讓人產生永不滿足的欲望，貪婪讓人永遠追求根本沒有盡頭的東西。貪婪讓人們不知疲倦，如果女士們終日緊隨著它，那麼結果就是筋疲力盡。

不久前，紐約一家旅館的頂樓發生了一起命案，是自殺，死者跳樓身亡。員警在例行檢查這位女士的遺物時，從她的房間裡發現了一封讓人哭笑不得的遺書。我想，應該把遺書的內容轉述給各位女士：

我沒有勇氣再繼續我的生命，因為我的生命體會不到一絲的快樂，我真的無能為力。我不明白，上帝為什麼讓我這樣一個美人來到這個世界，卻不給我應該屬於我的東西。我甚至為此嫁給了一個自己不喜歡的商人，可是他根本不能滿足我的要求，居然還說我貪婪，真不知道他是怎麼想的，難道我這樣一個漂亮的女人不應該多有幾件珠寶和皮草嗎？這些東西本來就是為我這樣的女人存在的，可那個吝嗇鬼連這樣基本的東西也不能給我。

這個世界不能滿足我太多的願望，我就像個落難的女神。沒人知道我有多難過，沒人能想像這樣的生命對我來說簡直就是一種折磨。我想，也許我該回到天堂，只有在那裡我才能過上理想的生活。

這封簡短的遺書真是一個貪婪女人內心的真實寫照，貪婪甚至讓她失去了生命，可她仍舊執迷不悟。我很同情這樣的女人，因為她們活得太累了，強烈的欲望讓她們永遠沒有滿足的時候。貪婪督促著她們不管在多疲憊的時候都不能鬆手，她們用盡各種辦法、各種手段，尋找一切機會，不擇手段地滿足自己的要求。

我的一位老朋友查爾頓．迪克勒是一個博學多才的人，他研究的範圍涉及很多領域，有一段時間，他著迷地研究著東方的哲學。他告訴我，東方哲學讓人捉摸不透，很隱諱，但卻很有魅力。

查爾頓還給我講了一個他正在研究的印度佛經裡的一個故事。說一個懂得法術的佛教徒，是個很孝順的人，母親離開人世後，他很惦記母親，想知道母親在另一個世界過得怎麼樣。他施展法力後看見母親變成了餓鬼，全身只剩皮包骨，肚子大得像鼓一樣，喉嚨像針一樣細，嘴裡還能噴出火焰來。他想要拿東西給母親吃，可是母親的手剛接觸到食物，那些食物就變成了灰燼。教徒很傷心，在高人的指點下想辦法淨化了母親的靈魂，最終使母親得到了解脫。這是個蘊含深刻道理的故事。查爾頓說，他認為那些餓鬼指的是貪婪的人，因為他們瘦得皮包骨，但是肚子卻很大，而且他們渴望食物卻又得不到。這是神對他們貪婪欲望的懲罰。

我同意查爾頓的觀點。在現實生活中，就有很多這樣終日過著餓鬼般生活的人，想要又得不到，這樣的感覺確實不好受。可我們反過來想想，是不是自己追求的東西太多了？不管是物質上，還是精神上，對欲望的追求我們真的應該適可而止。

洛拉是我培訓班上的一名學員，一次她找到我，希望我能幫助她。和很多來找我的女士同樣的問題，她告訴我，她的生活太不盡如人意，她體會不到一絲快樂。我問她到底是什麼事讓她這樣不快樂，洛拉回答：「我的丈夫在一家公司上班，他真是一個沒有上進心的人，混了這麼多年，還是一個部門主管，我一直認為他完全有能力擔任經理的職務；還有我的孩子，他真的很不爭氣，每次考試的成績都不能讓我滿意。」我想了想，說：「洛拉女士，我想我知道您不快樂的原因了，恕我冒昧，您不快樂是因為您太貪婪了！」女士聽完之後顯然很不服氣，生氣地對我說：「卡內基先生，我不同意您的看法。我和丈夫結婚有十年了，我們一直住在那棟老房子裡，傢俱很舊，家裡甚至沒有一件值錢的東西，我每天過的是粗茶淡飯的日子，您居然說我貪婪！」我回答她說：「貪婪並不一定是指對物質的追求，女士，您對名譽、地位、虛榮的渴望，這也是貪婪。」洛拉女士聽後啞口無言了，我的確說到她的痛處了。

是的，女士們，凡是對某種事物有著不知滿足的欲望，就可以稱之為貪婪。貪婪奪去你的自由，讓你成為被欲望驅使的奴隸。肯塔基州的人類行為專家約瑟夫．羅伯特博士在他的一篇論文中告訴我們：所有的生物都有食欲、求生欲、繁衍後代以及對權力的欲望，然而人類的欲望還有更多來源，金錢、美色、利益、地位、名譽等很多東西都是人類渴望追求的。欲望本無對錯，人類和欲望之間的關係很微妙，有的人可以很成功地駕馭欲望，成為欲望的主人，這些人最後獲得的是快樂、幸福；而更多的人淪為欲望的奴隸，甚至把自己的靈魂也出賣給它。歷史上每一次人為的災難都和欲望有著不可分割的關係，其中包括第二次世界大戰。

我不想花費太多的文字去描述貪婪的危害，我相信聰明的女士們早已明白其中的利弊了。現在我想教給女士們一些能趕走貪婪、找回快樂的方法。其實坦白說，之前我也真的不知道到底該怎麼戰勝貪婪，因為我認為貪婪是一種近乎人類本能的心理作用，所以我特別到華盛頓拜訪了全美心理學協會的主席西路克·瓦格勒博士，希望他能幫助大家。

西路克博士給我講了一個沙漠旅行者的故事，我在這裡講給大家聽聽。有一群人相約到沙漠淘金，經過很多困難，他們終於發現了金礦，大家欣喜若狂，把身上能塞東西的地方都塞滿了金子。在他們返回的時候，大多數人都被金子壓得喘不過氣來，只有一個人很輕鬆地走著，同伴覺得很奇怪，便問他緣由，那個人回答說：「少擁有一點就不那麼累了。」

「戴爾，我想你要的答案就是這個了。」西路克博士講完後對我說。

沒錯，這個答案就是我一直在尋找的解決方法。女士們，我把這個方法送給你們：想獲得快樂的方法——讓自己少擁有一點。

第3章

做個優雅得體的輕熟女

年輕跟幼稚沒有必然的聯繫。身為女人，我們都希望自己永保青春，卻不希望自己不諳世事，但青春並不單純體現在臉上，幼稚亦非只適用於年少。心態年輕才是真正的年輕，內心成熟才顯穩重。所以，要想自己優雅得體，就請保持年輕的心態，更要培養成熟的心靈。

女人的自信，一張永不褪色的名片

美國女商業奇才勞倫．斯科爾斯幾個月前接管了一家瀕臨破產的紡織工廠。這家工廠已經連續三個月沒有拿到一份訂單了，員工們的情緒低落到了極點。很多人都認為要讓這個工廠活過來幾乎是不可能的事了，可是在經過仔細評估以後，勞倫接下了這個工廠，並相信自己有能力讓這個工廠重新振作起來。

聰明的勞倫心裡很清楚，現在最主要的任務不是解決工廠的訂單問題，而是得想辦法喚起員工們的鬥志。她知道，只有讓員工們樹立起信心，消除內心的恐懼，這個工廠才能活過來。於是，她決定召開一次全體員工大會。

在會上勞倫什麼也沒說，問了大家一個問題，然後給大家講了一個故事。簡單的幾句話居然就真的讓員工們恢復了以前的鬥志，並且在她的帶領下真的就讓工廠活了起來。

她的問題是：「諸位，你們認為一個健全的人和一個身體有殘疾的人，哪一個更容易取得成功？」在員工都疑惑著回答「健康的人」之後，勞倫給大家講了一個故事：「我並不同意你們的回答。為什麼呢？因為有一次，我參加了一個探險活動，其中有一個行程是去參觀一座風景秀美的深山，可是問題在於半路上有一道地勢險惡的峽谷。峽谷很深，而且澗底的水流很急，最讓人害怕的是，通往對面的唯一通道居然是幾根光禿禿，而且還顫巍巍的鐵索。我們都知道，一旦從上面掉下去，準會沒命。最後，我們沒有去成那座秀麗的山谷，因為除了兩個隊員，其他人都沒有勇氣走過去，所以計畫就取消了。大家知道過去的那兩個人是誰嗎？他們一個雙耳失聰，一個雙目失明。」

「也許你不相信，但這是真的。我當時和大家一樣感到不可思議，我問那兩個人是怎麼過去的。雙目失明的人告訴我，她不知道山高橋險，於是平靜地走了過去；雙耳失聰的人對我說，她聽不見腳下河水的咆哮，所以恐懼心理減少了很多。」

看著員工們一個個恍然大悟的樣子，勞倫進行了會議的結語：「各位，正是因為太『健全』了，讓我們這些所謂健全的人甚至比不上那些身體有缺陷的人。相信大家都明白了，阻礙我們前進的並不是惡劣的環境，而是我們內心對現實的恐懼。現在，你們當中有很多人的心態和我那時候是一樣的，我希望這個故事對你們有所幫助。」

女士們，故事的真假我們暫且不去追究，但其中揭示的深刻道理使我們必須承認：相信自己是一種信念，是一種意志，而恐懼則是這種信念和意志最大的敵人。只要相信自己可以，我們就不會感到恐懼，那也就可以說我們已經成功了一半。

不要因為恐懼帶來的壓力而讓自己失去對生活的希望，對人類來說，不知道該採用怎樣的方法使自己發揮出充分的自信，這是一件很可悲的事情。看看我們的教育，有幾個老師能夠在教授完學生知識以後，再把那種已知的能夠開發自信的方法教授給孩子們？我想說的是，這不是美國一個國家存在的問題，這是整個人類文明的重大損失，是人類的失敗。我認為一個對自己沒有信心的人，就不能算是一個接受過良好教育的人。

女士們，產生恐懼是人類正常的生理現象，但一個真正成熟的人必須有足夠的勇氣去面對恐懼，他更不會讓恐懼傷到自己的自信心。一旦你在某些方面被恐懼控制了，那麼你就算在這一領域認輸了。一位哲人曾經說：「恐懼是關押意志的監牢，恐懼是惡魔，恐懼偷偷跑入你的腦子躲起來伺機行動，恐懼會帶來迷信，並且會像一把短劍一樣刺傷你的靈魂。」

「全美走鋼索第一人」卡爾．沃魯達在一次表演中不慎從鋼索上掉了下來，結束了自己年輕的生命。很多人不明白，身經百戰的卡爾為什麼會犯下如此致命的錯誤，大家都還清楚地記得他在接受媒體採訪時，曾信心十足地說：「在鋼索上行走就是我人生的真正意義，再沒有一件事能讓我這樣感興趣。」在那次失去生命的表演前三個月，卡爾突然對自己失去了信心，害怕自己會表演失敗，他經常問太太：「親愛的，如果我真的掉下去了怎麼辦？」

女士們也許會想，是不是卡爾當時已經預感到自己將會發生不幸呢？不，那不過是迷信的說法而已。事實上，正是因為卡爾對走鋼索產生了恐懼，他把大量的精力放在了如何避免失敗上，沒有了以前的自信，所以最後真的掉入了失敗的深淵，甚至失去了生命。

面對失敗，很多人的理由都是自己的能力有限、經驗不足或是外界環境的影響等，大家似乎都忽略了心理因素的重要性。我並非不承認其他因素對成功是有影響的，但我一直堅信，心理上的恐懼才是導致失敗最根本的原因。

自信的人不會害怕失敗，他們在做事的時候，更多的時間想的是如何獲得成功；而那些具有恐懼心理的人在做事的時候，更多的時間是在想要如何避免失敗，所以，失敗好像是他們必然的結局。

我敢說，所有的成功人士都是對自己充滿信心的人。因為一個人只有對自己有信心，才能坦然面對一切，把失敗看成是成功路上的一塊小石子，堅信自己一定能夠邁過去。因為自信，他們無所畏懼；也正因為他們無所畏懼，所以他們成功了。

相反地，那些無時無刻不在懷疑自己能力的人，他們在面對未知的困難時充滿了極度的恐懼，他們總是給自己失敗的心理暗示，高估了困難的難度或是低估了自己的能力。反正，他們恐懼、自卑、消沉，最後只有選擇退縮和逃避。

女士們，由此可見，自信對人類心靈以及事業發展有著多麼重要的意義。美國著名的心理學家唐波爾．帕蘭特曾說過：「人類創造和擁有財富的力量來自於對成功的渴望，人只有在擁有了想要成功的渴望之後，才能不斷地給自己心理暗示，從而用潛意識來激發出自信。這種自信可以轉化為一種非常積極的動力，也正是這種動力，促使人們釋放出無窮的智慧和能量，從而幫助人們邁向成功。」

我一直認為自信心是「人類心理建築的工程師」，我相信每一個成功者都擁有一顆成熟的心，而自信又是獲得成熟心靈的首要條件。

接受他人的意見，自己也要有主見

有一件讓我一想起來就很愧疚的事，直到現在都埋藏在我的心裡。

那時我還在瓦倫斯堡州立師範學院念書，當時我很熱衷於參加各種各樣的辯論和演講比賽。一次，學院裡要舉辦一場很重要的辯論比賽，冠軍可以代表學院參加全國性的辯論比賽。這個機會對於我們這些辯論的「狂熱分子」來說，是絕對不能錯過的。我和幾個同學在得知消息後立即報名參加選拔賽，因為我當時小有名氣，還很榮幸地被推選為隊長。剛開始的幾場比賽，我們發揮得非常出色，一路殺進了總決賽，當時的條件對我們非常有利，因為對方很明顯在各方面都稍遜於我們。本來，我們完全有獲勝的把握，可當時不知道怎麼回事，也許我是被勝利沖昏了頭腦，在為決賽做準備的時候，我開始變得「專制」起來。

當時，隊員們提出了很多不錯的建議，可我也不知道怎麼搞的，執意認為只有按照我的思路去準備才能取得最終的勝利。所以，當時明知道他們說的一些東西很有道理，可就是聽不進去。每當他們向我提出建議時，我總是說：「你們的意見我會考慮，但最後的決定權還是在我手裡，我是隊長，你們要相信我。」就這樣一直到比賽那天，整個準備過程都按照我的想法在進行著。

比賽開始了，剛開始我們還挺不錯的。可是，隨著辯論到了白熱化的階段，我發現對方提出的很多問題都是我沒有想過的，而且，我的隊友們曾經就跟我說過那些問題，當時我根本就不在意，也根本就沒有做過準備。最後，手足無措的我們輸掉了那場比賽。

本來所有的人都認為，站在領獎臺上的會是我們，可最後卻是別人。我當時特別難過，因為這場比賽的失敗真的可說是我一手造成的。隊友們沒有責怪我，但是我知道他們心裡一定很不好受，只有一個平時跟我關係還不錯的同學私下偷偷告訴我：「戴爾，說真的，你這次讓大家很失望。」我想那大概是我生平聽到過最讓我難過的話了。

其實，我並不願意提起那段往事，因為它真的給我帶來了很大的傷害，也可以說這是我人生的一件憾事。但是經過再三考慮，我還是決定把這件事告訴各位女士，我希望你們能夠引以為鑒。

現在回想起那時候的自己，心智真是太不成熟了，固執到聽不進別人的意見，自以為是，最後給自己的人生留下這樣一個遺憾。我所知道的，很多女士其實都有和我一樣聽不進別人意見的情況，加州大學校長，著名的心理學博士盧卡多．哥伯說過：「雖說自信的人最終能獲得成功，可是盲目自信，不肯聽取別人的意見，最後還是會失敗，而且這是一種相當不成熟的心態。」盧卡多博士還在自己的著作《做一個成熟的人》書中，對這種不成熟的心理做了詳細精闢的闡述。書中是這樣寫的：「通常情況下，容易產生這種不成熟心理的人分為兩個群體。第一種是那些入世不深、年輕氣盛的青年，因為他們剛具備獨立思考的能力，所以很希望得到別人的認同，他們不允許任何人侵犯自己認為對的東西，因此，只要是不同於他們的意見，對他們來說就是刺耳的東西；第二種是那些已經有一定能力和社會閱歷的人，他們從幼稚中脫離出來，對自己十分有自信，他們覺得自己已經具備了很強的判斷力，很肯定地認為別人的想法不會比自己的高明多少。

很明顯，我那時的情況是博士說的第一種類型，至於第二種類型，在現實生活中也是很常見的。公司的部門經理在給部門員工安排工作任務時，語氣往往是強迫性的、命令性的、不可懷疑，各個部門在進行討論的時候，經理們都各執一詞，好像誰也不可能接受別人的意見，誰也說服不了對方聽從自己的意見。

女士們，聽不進別人的意見可不僅僅是一種不成熟的表現，它還會給你製造很多不必要的麻煩。堅持己見的人因為總覺得自己是對的，所以在思考問題時很容易慣性地陷入自己的單一思維模式裡面，從而使問題得不到很好的解決。也許女士們並不同意我的說法，認為自己根本不可能犯下如此愚蠢的錯誤。可是女士們，當這樣的想法產生時，你就已經犯下這樣的錯誤了。

女士們也許開始思考了：「聽別人的意見既然那麼好，那好吧，我就廣泛採納別人的意見好了，別人說的我都接受，那我一定會變得很不錯了吧。」芝加哥心理學教授斯科爾·德萊克會告訴你：「世界上有兩種人最不成熟：一種是聽不進別人意見的人；另一種是盲目輕信別人意見的人。」

前段時間，拉諾太太經人介紹找到我，希望我能幫助她走出困境。她的煩惱來自丈夫失業，因為丈夫失業後，本來就不富裕的家庭陷入了經濟危機。出於無奈，拉諾太太決定自己找一份工作來做。為了得到一些好的建議，她徵詢了很多人，可因為大家各不相同的建議，使得拉諾太太不知道到底該怎麼做了。

丈夫勸拉諾不要去找工作，因為他認為女人不應該在外面拋頭露面，他也相信自己很快就會找到一份工作。拉諾的表姐則大力支持她去找工作，表姐說女人就應該獨立。還有很多親戚朋友，有的認為她應該找一份輕鬆一點的工作，那樣可以有剩餘的精力照顧丈夫和孩子；有的認為她應該找一份薪水多一點的工作，那樣才能擺脫家裡的經濟危機；還有的說，一個已婚的女人找工作並不容易，能找到就很不錯了……大家各抒己見，而且好像都很有道理，這讓拉諾不知道究竟該採納誰的建議了。

最後拉諾問：「卡內基先生，您能給我最好的建議嗎？」我對她說：「拉諾太太，最瞭解自己情況的應該是你自己啊，大家給你的建議都不錯，你都應該向他們表示感謝。可他們都是根據自己的想法來考慮問題的，並不一定適合你的情況，我的建議對你來說也是一樣。所以我認為，你應該聽從自己的想法。」拉諾太太苦惱地搖了搖頭說：「您不知道，卡內基先生，我很少會做出正確的判斷，而且我已經習慣聽別人的意見了。看來您也幫不了我了，哎，我還是去找找別人吧。」

對於拉諾太太這樣的女士，我真的感到無能為力。我認為我已經給了她很好的建議了，可是她並不接受。我想，也許拉諾太太到最後也不知道自己該找一份怎樣的工作，因為她甚至不知道自己想要的是什麼。

我曾經思考過這樣一個問題：如果一定要我在「固執己見」和「毫無主見」之間選擇一個的話，那麼我會選擇前者。因為我認為「固執己見」也許會讓我偏離正確的方向，但畢竟自己是去做了，或許還有成功的可能，但「沒有主見」則會讓我無從下手，錯過一次又一次的機會，終究一事無成。

女士們，我知道你們都想讓自己變得成熟、聰慧起來，我的建議就是，不論是固執己見，還是沒有主見，都是一種心智不成熟的體現，具有哪一種心態都是不好的，所以希望女士們認清形勢、看清自己，儘快成為一個成熟的女性。

心智成熟的女人懂得自我欣賞

每天都會有很多女士找到我，希望能從我這裡得到幫助。這天，又有一位女士找到了我，說自己實在忍受不了生活的壓力，希望我能提供她一些好的建議。

她說，其實她算是一個幸福的女人，丈夫是位事業有成的政府官員，而且還積極上進，雖然有些獨裁，但是自己還能接受，可也正是因為丈夫如此出色，所以這位女士才更加煩惱。自從和丈夫結婚以後，由於丈夫的工作關係，夫婦倆的社交圈很自然地就以先生為主，在這樣的環境下，女士覺得自己變得渺小起來，她覺得自己很容易被別人忽視，有時候甚至是藐視。她常常會因為達不到別人的要求而難過，自己完全沒了個性，因此越來越不相信自己，不喜歡自己。

聽完女士的描述以後，我馬上就判斷出這位女士的真正問題不是適應不了環境，而是不能適應自己，但是當時我沒有直接說出我的想法，因為我對這方面的認識也很淺薄，所以，為了給這位女士一個最佳答案，也為了讓自己更清楚地認識到喜歡自己的重要性，我特別去了趟曼哈頓，拜訪了我的老朋友司麥理．布勒敦醫師，想從他那裡得到一點建議。

布勒敦在聽完我的敘述後對我說：「戴爾，我想這位女士在心裡始終期望自己能變成另一個不屬於自己的人，她最大的問題就是不能接受自己。」

我點了點頭說：「這個我也想到了，但我更想知道該如何幫助她。」

「我想，她現在最需要明白的是，每個人都有自己的價值，且這種價值是完全可以在日常生活中表現出來的，但這種價值不能通過依靠別人或是模仿別人來表現，而應通過自己的個性來表現。如果她能明白這一點，我相信她就會自信快樂了。」

我說：「布勒敦，你說得很對，我的想法和你一樣，只是以前還不能確定。」

布勒敦接著說：「戴爾，一個成熟的人都得學會喜歡自己。當然，我說的這種喜歡是一種既清醒又實際的接受自我的做法，而不是那種自私甚至病態的自戀。學會愛自己是人性尊嚴和自重的體現，每一個真正健康的人都會對自己表示適當的自愛，而且不管是為了生活還是工作，或是為了達到其他目標，這樣的自愛對我們來說都是必要的。」

聽完布勒敦的話，我想我是真的從內心理解了喜歡自己的重要性。那位不快樂的女士在評判自己的時候，第一步就已經走錯了，她錯誤地把別人的要求當成了自己的評判標準。回去以後，我把這些話都告訴給了那位女士，並建議她給自己建立一套價值觀，並以此作為自己的生活依據。後來這位女士真的做到了，再也沒有為此苦惱過。

女士們，千萬別認為喜歡自己是一種自私的表現，你可以細心觀察一下那些思想真正成熟的人，他們往往都是能適度忍耐自己的人，因為他們知道，每個人都是有弱點的，自己也不例外，所以他們從不會為了一些小小的失誤而感到難受。

哥倫比亞大學教育學院的亞斯·卡斯教授曾為全美的教師寫過一本名為《教師，面對自我》的書，書中寫道：「我認為對教師來說，自我接受很重要。」他一直在研究喜歡自我的重要性，而且一直堅信，無論是成人教育還是兒童教育，首先要做的是讓學生瞭解自己，然後再鼓勵他們擁有健康、正確的接受自我的態度。

這是一個競爭異常激烈的社會，一個人的價值好像全體現在他所擁有的物質上，人們發瘋一樣地追求著名利，做著自己不喜歡的工作，沒有人的靈魂能找到好的寄託，這時，人們開始迷失自我，不能認同自我。

哈佛大學心理學家盧伯．懷特先生發現了這一點，並給大家提出了很好的建議：「生活在現在社會，你就必須學會調整自己，否則你就不能適應環境帶來的各種壓力。」的確是這樣，女士們，看看你們周圍，還有多少人擁有自己的個性？又有多少人真正清楚自己追求的是什麼？我們和這個社會接觸以後，為了更好、更快地融入它，我們不敢再有任何違背這個圈子規則的想法存在，因為那樣會讓我們感到不安或是不快樂，然後會失落、迷惑，最後自己不能接受自己。

女士們，我們該如何判斷自己是否喜歡自己呢？其實很簡單，就是看看自己是否對自己過分地挑剔。

在我開設的演講課上，每個學員都得自己親自上臺演講。一次演講課後，一位女學員對我說：「卡內基先生，我對自己這次的演講感到很不滿意，我覺得我的演講糟糕透了，看著其他同學準備得那樣充分，而且表現得那麼自信，我真的沒有繼續講下去的勇氣了。」

我笑了笑說：「女士，我可不這樣認為，我覺得你的演講把你自己的缺點說得很詳細很準確。為什麼你總是把注意力放在自己的缺點上呢？我想你認為自己的演講不好，其實是因為你沒有把自己的優點發揮出來，而不是因為你的缺點太多。」

女士們，你們是否也和這個女士一樣總是盯著自己的缺點，而看不到自己的優點？其實不管是誰，都有不足的地方，但如果你把自己的不足過分放大，那就不好了。威廉·莎士比亞的作品中有很多常識性的歷史和地理錯誤，狄更斯的作品中也有很多過於矯情的地方，不過，這些並不會影響他們成為世界文壇巨匠，他們身上有著耀眼的優點，人們沒有辦法去注意那些微不足道的小遺憾。

女士們，我並不是讓你們放棄自己的原則或是降低對自己的要求，而是真心地希望你們能明白一個道理：沒有人是完美的，你得學會用足夠的耐心面對自己的缺點，發自內心地喜歡自己。

努力去達到自己理想的目標這並沒有錯，可是為了不切實際的「完美」，而把自己弄得筋疲力盡，我覺得實在是沒必要，這樣的完美讓人討厭，避之唯恐不及。過分的追求理想主義是一件很殘酷的事，總是想著要去超越別人，其實自己根本沒有目的。我真的不能理解，就算你超越了別人，你得到的又是什麼呢？對自己永遠不能滿足，然後開始不能忍受這種狀況，最後開始恨自己，討厭自己。

一個連自己都不喜歡的人，憑什麼要求別人喜歡你呢？女士們，何苦對自己如此苛刻呢？學會寬容自己的缺點，學會喜歡自己吧。我這就教你一個讓自己喜歡自己的簡單辦法——學會獨處。

一位著名的心理醫師說過：「我很喜歡晚上回到家，躺在床上想我一天的活動，我認為這是與自己相處的最好方法。」安妮．林柏也曾經說過：「只有能和自己的內心進行溝通，我們才能更好地和別人進行溝通，而與自己溝通的最好方式就是獨處。」

女士們，成熟的個性包含很多東西，其中一個就是能夠喜歡、欣賞、尊重自己。不要去依靠別人給自己帶來快樂感和滿足感，這樣不僅你累，別人也累，自己給自己快樂和滿足，才能讓你變得更健康、更快樂，還可以增強你與人相處的能力。這樣一舉多得的事，我相信聰明的女士們一定很願意去做。

學會活在當下

給大家講個故事吧，希望女士們能耐心聽完它，這個故事很感人，而且我相信會對你們有一定的啟發。

美國十月的夜晚已是非常寒冷了，這時內戰剛剛結束，街上有一個無家可歸的可憐女人獨自遊蕩著。此刻的她幾天沒有吃過東西了，單薄的衣服根本抵禦不了寒風的侵襲，她實在支撐不下去了，終於鼓起勇氣按下了韋伯太太家的門鈴。

「抱歉，太太，我實在不想打擾您，可是我真的太累太餓了，您能讓我在您家裡度過一個溫暖的夜晚嗎？」陌生女人抱著一絲希望看著韋伯太太。

韋伯太太是個善良的人，看著可憐的陌生女人，她想也沒有想就讓她進了家門。好心的韋伯太太還給陌生女人端來了食物，陌生女人高興極了，終於有地方可以歇腳，還可以填飽自己那餓了幾天的肚子。可是事實並不像她想像得那麼順利，食物剛吃到一半，韋伯太太的女婿就從外地回來了，他沒辦法容忍一個不相識，而且穿著破爛的「無賴」住在自己家裡，可憐的陌生女人又被趕了出去。

女士們聽到這裡肯定都開始同情起那個可憐的女人，並認為我是想借這個故事喚起大家的同情心。其實不是這樣的，我只是告訴大家這個故事的背景而已，而且我想告訴妳們，這個可憐的女人的名字是——瑪麗．貝克．艾迪。

是的，不用懷疑，你們沒有看錯，就是那個擁有幾百萬信徒的基督科學教派創始人瑪麗．貝克．艾迪。在她沒有成功之前，命運之神賜給了她很多不幸，她一直患有嚴重的疾病，還有過兩次不幸福的婚姻，因為貧窮和疾病的困擾，她還不得不把自己唯一的孩子送給別人撫養。

就在那個被趕出去的晚上，艾迪的命運發生了轉折性的變化。又冷又餓的艾迪一人在大街上徘徊，因為體力不支終於在結冰的道上滑倒了，然後不省人事。醒來後，她已經躺在醫院的病床上，醫生說她的頸椎受了很嚴重的傷，她的生命也許維持不了多久了，就算上帝真的保佑讓奇蹟發生，她也只能終生殘疾。

絕望的艾迪躺在床上，順手打開了旁邊放著的《聖經》，一段話出現在她的眼前：「他們把一個不能行走的人帶到了耶穌的面前，耶穌赦免了他的罪，最後那個人起身回去了。」艾迪突然覺得心中產生了一股強大的力量，這是一種信念的力量，她不知道最後自己是怎麼從病床上走下來的。

只是後來艾迪對人們說：「就是從那一刻開始，我深切地認識到，人的內心力量強於一切，而且這是有科學根據的。」艾迪在這種力量的指引下創立了流行於全世界的宗教——基督教科學派。

我並不是一名虔誠的基督科學派教友，之所以在這裡給大家講這個故事，我是想要告訴大家「人的思想很重要」，愛默生也曾說過：「人是思想的產物。」

女士們，當你認為自己快樂的時候，你就會真的感到快樂；當你認為自己很淒慘，那麼你真的就會很淒慘；當你感到恐懼時，你一定會害怕。科學研究表明，病態的思想真的會使人生病，因此，我堅信生理上的疾病完全可以通過改變自己的想法來克服。積極向上的想法甚至能改變你的一生。

那個搶奪了美國軍工廠、妄圖鼓動奴隸叛亂的老約翰·布朗，在臨死時對他身邊異常緊張押解他的警長說：「你看，這個國家多麼美麗，可惜我從沒正視過。」人們在那位抵達南極的英國人史考特的遺書中看到這樣的語句：「我們坐在了自己的棺木上，我們欣賞著美麗的風景，我們在饑寒交迫時繼續歌唱，這一切都應該歸功於我們擁有的勇氣以及平靜的思想。」

女士們，你們要相信，這個世界上除了自己，沒人能讓你變得快樂，這是早在三百多年前偉大的詩人彌爾頓發現的真理，他在詩中寫道：「心靈，是你自己的宮殿，它可以成為地獄裡美麗的天堂，也可以成為天堂中可怕的地獄。」

「人們總認為行為是跟著感覺走的，這是錯誤的，因為實際上行為和感覺是並行的。如果人們經常以意念控制行為的話，那麼也就可以間接地控制感覺。」這句話出自一位偉大的心理學家之口，他想要說的是，我們不能馬上改變自己的情緒，但完全可以從改變行為開始，當我們的行為開始改變，情緒自然就跟著改變了。

這位心理學家還說：「如果讓你不開心的事真的很多，那麼我想你現在能做的最簡單的事就是假裝自己很開心，並且用這種方式去說話和做事。」女士們，不必懷疑這個方法的成效，我有個真實的例子告訴你們應該這樣做。

我認識一位得了憂鬱症的寡婦，她就是因為不知道這個小方法，所以最後抑鬱而終。其實她並沒有多不幸，雖然丈夫不在了，可是她有足夠的保險金，孩子們對她也很孝順，可是她總是一副悶悶不樂的樣子，當你友好地和她打招呼時，她嘴上會說：「是的，我很好。」可誰看著她的表情，聽著她的聲音，都知道她完全是在說：「我如此不幸，你還問我好，有什麼好？」她總是埋怨兒女們不惦記她，說女婿們太小氣，抱怨飯菜一點都不合她的胃口，幾乎一切都能成為她抱怨的對象。久而久之，沒人願意再接近她，包括她原本孝順的孩子們。就這樣，慢慢地她患上了嚴重的憂鬱症，最後抑鬱而終。

我們再看另一位和她情況很相近的布萊恩女士。布萊恩的狀況實際上要比剛才那位女士糟糕得多，她不僅失去了丈夫，還患上了猩紅熱，康復後又發現得了腎炎，腎炎還引起了很多併發症，她的血壓甚至已經到了二二〇毫米汞柱，最後連醫生都告訴她，讓她最好做好後事的安排。

按理說，布萊恩女士似乎更有患上憂鬱症的理由，因為死神的判決書都已經擺在她面前了。剛開始，她也和剛才那位女士一樣，陷入消沉，被恐懼擊倒，家人朋友們都為她的處境感到擔憂。布萊恩不忍看到大家這樣為她擔心，於是她想：「只有一年的時間了，既然這已經是不可改變的事實，我為什麼還要像個傻瓜一樣讓自己過得這麼痛苦？難道這一年的時間我不能做些有意義的事，讓自己和家人、朋友們開心一點嗎？這才是活著的意義啊。」布萊恩女士這樣想了以後，她也開始這樣做了，她每天讓自己的臉上掛著笑容，而且儘量讓自己表現得和往常一樣，儘管她的病越來越嚴重。

布萊恩也對朋友說過：「剛開始的時候，我根本無法讓自己忘記痛苦，所以我拼命地強迫自己裝出很快樂的樣子。慢慢地我發現，身邊的人因為我的快樂都開始快樂起來，而我也好像真的比以前好受多了，我也覺得自己快樂起來了。後來，情況越來越好，到現在，我幾經多活了兩年。我現在的心態很好，而且也很久沒有再受到高血壓的侵擾，身體慢慢好轉，連醫生們都說這是奇蹟。」

我相信女士們和我一樣都替布萊恩女士感到高興，上帝賜給了我們思考的權力，我們就要好好地利用它來控制我們自己。好的心態可以挽救一個人的生命，我們為什麼還要為那些小事弄得自己煩躁不安呢？

我給女士們開一張會使你變快樂的「良方」，只有四個字——「活在當下」。當妳們真正體會其中的真諦時，我相信你們一定會變得非常快樂和幸福。

無法改變事實，就去適應它

人的一生總不可避免的會遇到各種各樣的挫折和不快，可是我們能選擇在面對這些不如意時如何對待它們？我們可以接受它，適應它；我們也能擔心它，憂慮它，直到它摧毀我們所有的快樂生活。

我和一位資深的心理學家討論過我們應如何面對不幸，使自己最終能獲得勝利。心理學家的觀點很簡單，他說：「只要我們接受不幸，並且適應它，那麼我們就成功地邁出戰勝不幸的第一步。」本來我還覺得他的說法太過簡單，但在我知道伊莉莎白女士的故事之後，我徹底接受了他的意見。

伊莉莎白女士一直是個快樂幸福的女人，健康的身體，不錯的工作，還有一個自己一手帶大、視她如親生母親的侄子。在伊莉莎白女士看來，自己疼愛的侄子是這個世界上最完美的年輕人，沒有人可以代替他在自己心中的位置。侄子最近還去了北非戰場參軍，她很為自己的侄子感到驕傲。然而，遺憾的事總是發生在這樣和諧完美的時候。一封電報毀滅了她的一切。

那天，伊莉莎白突然接到了國防部的電報，電報上說她最愛的侄子喬治在北非戰場上戰死了。伊莉莎白根本無法接受這個事實，巨大的悲痛讓她一蹶不振，她不能相信這麼優秀的孩子就這樣不在了，她開始覺得一切都變得沒有意義了，她開始不認真對待自己的工作，忽視自己的家人和朋友，直到一封信的出現，才改變了她。

那天，伊莉莎白又開始清理侄子的遺物，突然一個信封掉了下來，打開信封，原來那是一封很久以前侄子寫給她的信，那時候伊莉莎白的母親剛剛離開人世，侄子為了安慰她不要太傷心而寫了這封信。信中是這樣寫的：「我們都很難過，但我相信姑媽您一定能撐過去，因為我知道您很堅強，我一直都覺得您是我的榜樣，我記得您對我說過，不管什麼困難，我們都要勇敢地去面對。」

伊莉莎白女士流著眼淚把這封信讀了一遍又一遍，感覺好像侄子就在身邊對她說話一樣。她相信，這一定是侄子的安排，他想通過這封信讓姑媽知道，勇敢地去面對，化解心中的悲傷和痛苦。

第二天起，伊莉莎白女士就重新投入了自己的工作，對以前疏忽了的親人朋友也開始關心起來。伊莉莎白女士在日記中寫道，「親愛的喬治已經離開我了，我不能改變這個事實，但是我知道，他希望我可以快樂地活下去，所以我一定要讓他看見我活得很快樂。」伊莉莎白女士把自己所有的時間和精力都放在培養自己的興趣、關心他人上，如今，她過得很充實，而且擁有很多的朋友。慢慢地，那些悲傷的過去漸漸模糊，她也找到了新的幸福。

女士們，我們從伊莉莎白女士身上學到了這樣一個道理：環境本身其實並不會讓我們感到快樂或是不快樂，真正決定我們感受的其實是我們自己對環境的反應。很多女士的內心十分脆弱，當災難降臨時她們沒有勇氣去接受現實。其實，我想告訴女士們的是，每個人都有能力去戰勝災難，沒有人辦不到，每個人內在的潛力都有著驚人的力量，如果我們能好好地把這些潛力利用起來，那我們就可以戰勝一切。

一天，培訓班上又有一個女士來找我，說自己很煩惱，因為她正在忍受著災難的折磨。開始，我以為她也是屬於那種脆弱的女性，於是我勸她勇敢地面對一切。可顯然我的方向錯了，因為那位女士一直在說自己怎麼勇敢地面對災難，怎麼不懼命運的摧殘，怎麼去反抗，去力爭，不向命運低頭。她是因為不懈地反抗才換來現在的煩惱。

當時我覺得自己的處境很窘迫，可還是拼命地在腦子裡思索，希望能找到安慰這位女士的方法，彌補自己的誤解。最後終於想起了一個例子，成功地幫助了那位女士。現在我把這個故事講給各位聽，也許對你們會有用。

薩萊．波恩薩特在最近五十年來一直都是四大州劇院裡最受歡迎的女演員，也許她的成功讓上天妒忌了，晚年時她不僅失去了所有財產，還因一次意外被告知需要鋸掉一條腿。

意外發生在一次薩萊去法國的途中，那天遇到了暴風雨，她不小心在甲板上摔傷了腿，由於船上的醫療設備太簡陋，延誤了傷口的治療。薩萊被送往醫院以後，醫生診斷的結果是必須鋸掉那條嚴重感染的腿，不然會危及生命。突如其來的意外讓薩萊的親友們都不能接受，可是薩萊卻異常平靜地說：「既然醫生這樣安排，我相信這已經是最好的辦法了。上帝這樣對我，必定是有所安排，我去抵抗也沒有什麼意義了，聽天由命吧。」

薩萊在被送進手術室時，還笑著對在一旁傷心哭泣的孩子們說：「孩子們，別這樣給醫生壓力，我不想反抗什麼，因為我知道我很快就會沒事的，相信我好嗎？別哭了，等我出來。」

手術進行得很順利，薩萊也恢復得很好，我想這和她坦然面對的心態有很大的關係。現在，薩萊又開始了全球巡演，而且效果很不錯。

當我給那位女士講完這個故事時，她說：「她可真棒！卡內基先生，我突然想起來，我在《讀者文摘》上也看到過這樣一句話：『我們完全可以把那些去反抗不可避免的事情的精力節省下來，並且去創造一個美好的生活。』謝謝您，先生，我真是太傻了，我想我知道從現在開始該怎麼做了。」

我喜歡這位聰明的女士，因為她總能在你的點撥以後立即明白自己的錯誤，以及該怎樣去改正。當我們面對那些不可改變的事情時，最好的辦法是選擇「低頭」適應，而不是不停地抗爭。女士們，我們都知道汽車的輪胎可以在公路上持續跑很長的時間。其實，在剛開始設計輪胎的時候，設計人員總是想把它設計得可以對抗路面上的一切阻礙，可結果失敗了。後來，設計人員改變了思路，設計出了我們現在普遍使用的輪胎，這種輪胎的特點就是能夠承受路面所帶來的一切壓力。

我們可以做一個這樣的比喻，把自己比喻成一輛汽車，而我們的思想就是四個車輪。我們坎坷的人生可比那些平坦、筆直的高速公路顛簸得多，自然所遇到的阻礙也會多很多，所以，如果我們給自己安上的輪胎很「強硬」，那麼我們的旅程肯定很艱難，但如果我們把這些挫折都給吸收了，那麼一切困難和矛盾是不是就都消失了呢？我們的旅途自然就暢快了。

我還想說明的是，我並不是一個宿命論者，所以我給妳們一個建議——去適應不可避免的事實，並不代表我建議你們在碰到任何挫折時都選擇退縮和放棄。我更希望看到的是妳們能夠勇敢地面對一切，不管在什麼情況下，只要有一絲希望，都要努力奮鬥。

但是，當你面對那些已經沒法改變的環境，或是那些人力所不能改變的事情，比如親友的故去、自然災害等，我們就應該選擇去適應。這些事情不可能避免，也不可能改變，我們不管怎麼做，事情也不會有轉機，所以我們應毫不猶豫地選擇適應。

成熟女人懂得適時放手

在老朋友貝克．利維斯的影響下，有一段時間，我對打獵產生了非常濃厚的興趣。他是這方面的專家，教會了我很多東西，那段時間，我和貝克常常會一起去郊外狩獵。一天，我們兩個又帶著獵槍和獵狗到郊外去狩獵，傍晚我們在一條小溪旁搭了帳篷，準備在那裡過夜。

那晚我們吃烤野雞，非常美味，就在我們享用晚餐的時候，獵狗突然狂哮起來，然後向南飛奔而去。當時我被這個陣勢嚇壞了，以為遇到了什麼兇猛的野獸。貝克看著我緊張地拿起獵槍，對我擺了擺手：「別緊張，是路過的狐狸想引開我們呢。」我驚訝地問道：「狐狸真有這麼聰明嗎？」貝克點了點頭，突然沉默了。過了一會兒，貝克自言自語地說：「是不是牠呢？」看著我更加不解的表情，貝克給我講起了幾年前他在打獵時遇見的事。

「那時候，我不太喜歡用獵槍，更多用的是捕獸器，那種等待獵物上鉤的感覺真的很過癮。可是用捕獸器抓住獵物的機會要比用獵槍小多了，我經常空手而歸。那天，我等了一天都沒有抓到一隻獵物，就在收拾東西準備回去的時候，捕獸器上的鈴鐺響了，當我看到被困住的是一隻狐狸時，可把我激動壞了，要知道，這東西可不是那麼好抓住的。我從隱蔽處走了出來，準備活捉牠，可是我被眼前的情景驚呆了。剛開始，那隻狐狸也顯得很害怕，牠在極力掙脫捕獸器，當我出現時，牠突然停了下來，然後你根本想不到那隻狐狸做了什麼，牠居然毫不猶豫地咬斷了那條被困住的腿，然後向遠方逃去。我本來可以追上牠的，但是我沒有。牠是我見過的最勇敢的狐狸，從那以後，我經常到這裡，希望還能見著牠。」

我沒有再見過那隻勇敢的狐狸，但是牠留給我的印象並不亞於貝克。我和貝克一樣佩服這隻狐狸的勇氣，更欽佩這隻狐狸的聰慧。牠能忍受住巨大的痛苦，放棄自己的一條腿，以保住性命，這是很多人都不能明白的道理。很多女士個性很執著，她們不懂得當被現實逼迫得不得不付出非常慘重的代價以前，選擇主動放棄小的利益而保全整體利益無疑是最明智的選擇。

我的表妹茱麗亞在一年前和一個很不錯的小夥子開始交往，兩個人相處得不錯，彼此也很愛對方。就在快要談婚論嫁的時候，一場車禍奪去了小夥子年輕的生命，從此茱麗亞鬱鬱寡歡，終日以淚洗面。我也試圖和茱麗亞溝通，勸她重新振作起來，可根本沒有用，茱麗亞還說自己這一生都要獨自守候死去的男友。

表妹的忠貞讓我感到自豪，可她的做法我卻很不贊成。男友的離去讓她傷心，這我可以理解，可是如果不能從消沉的情緒中解脫出來，那麼她失去的就不僅僅是深愛的男友，還將失去自己寶貴的健康和一生的幸福。

很多女士和我的表妹一樣，包括很多認為我表妹太傻的女士，在她們自己面對一些問題的時候，她們常常會做出和我表妹一樣的傻事來。好像女性天生在遇到一些問題，特別是情感問題的時候，就立即會變得喪失理智。她們會變得異常執著，無所畏懼地堅持下去。的確，我曾說過，成功的道路上存在著很多困難，最終能取得成功的都是那些堅持到最後的人。

可那句話是有前提的，前提就是你選擇的道路是正確的、有意義的。一件根本不值得去堅持，而且很明顯沒有結果的事，可你就是不肯放手，那麼結果也一定會以悲劇收場。

我兒時的夥伴朵拉·卡莫斯就以她的親身經歷讓我更加堅信了這樣的說法。三年前的一個夜晚，幾年沒有見面的朵拉突然來到我家，一陣寒暄以後，我問朵拉最近過得如何，朵拉哭著告訴我：「戴爾，我覺得自己沒有活下去的勇氣了。」我趕忙問她發生了什麼事，朵拉告訴了我事情的原委。

朵拉的丈夫麥克在結婚以前就是出了名的花花公子，結婚前大家都勸朵拉想清楚，朵拉也知道丈夫對自己並不忠誠，因為她親眼看見麥克和別的女人約會。可是，朵拉還是決定和麥克結婚，因為她覺得自己很愛麥克，而且她認為麥克和其他女人只是玩玩而已。

婚後的生活讓朵拉受盡了折磨。麥克不僅經常整夜不回家，成天吃喝玩樂，把生活重擔全交給朵拉，更過分的是，只要朵拉表現出一點不滿，麥克馬上就會拳腳伺候。親友都勸朵拉和麥克離婚，大家都說和這種男人在一起不會有幸福。朵拉沒有聽從大家的勸告，她依舊選擇了忍受，因為她捨不得麥克，她是如此依賴著這個男人，她認為麥克會被自己的執著感動而改過自新。可是，麥克並沒有被感動，還因為瞭解了朵拉的懦弱，而更變本加厲了。後來，他們有了孩子，朵拉更不願意和麥克離婚了。最後，朵拉選擇了默默忍受命運的折磨，終日生活在痛苦之中。

在歐洲有一則非常流行的諺語，意思大概是說，有人為了得到一支鐵釘而失去一塊馬蹄鐵，又為了得到一塊馬蹄鐵失去了一匹駿馬，然後又為了得到一匹駿馬而失去了一名優秀的騎士，最後為了得到一名騎士而失去了一場戰爭的勝利。不懂得適時放手的人，最後總是以悲慘的結局收場。

一位哲人說過：「放棄是一種很難的選擇，因為這是一種至高的境界。放棄也是我們面對人生際遇時必須具備的東西，放棄讓我們對自己的生活和人生擁有一種超脫自然的關照，而且就算我們不能達到那種超然的境界，學會放棄也會讓我們的生活變得灑脫。」女士們，我們必須承認，每個人的生活都不會是一帆風順，很多成功人士就深知這個道理，所以他們都懂得放手的重要性。

「貿易天才」卡波司在商界一直立於不敗之地，他在總結自己的成功經驗時說的話，我覺得各位女士很有必要知道並且向他學習。「做我們這行的，要想獲得成功，堅持到底是非常重要的。很多人不能成功，就是因為他們不能堅持到底。不過，我認為，堅持到底固然重要，懂得放棄同樣是一條非常重要的原則。很多人就是因為盲目堅持、不肯退縮而功虧一簣。我在投資某個項目的時候，會密切關注它的發展態勢，當我確定它沒有發展前途之後，不管當時投入多少，我都會馬上撤回資金，因為我相信就算是看走眼，損失的資金也一定會比盲目投資帶來的損失少。也就是說，正確的事，我們要堅持到底，但是這件事如果在中途發生了變化，成為錯誤的，我們就要毫不猶豫地放棄。」

女士們，不理智的堅持和懦弱的退縮一樣，都是一種不成熟的表現。真正心智成熟的人往往知道在什麼時候該選擇堅持，什麼時候該選擇放棄。所以，女士們應該努力讓自己擁有一雙慧眼和一顆堅定的心，需要堅持的時候一定不能放棄，而在該放棄的時候則要毫不猶豫地選擇放手。

要平靜、要理智、要克制

激烈的社會競爭，繁瑣的家務瑣事，讓越來越多的女士脾氣暴躁起來。有時候，僅僅是為了一點雞毛蒜皮的小事，她們也會大發脾氣，一點點的不如意，也能讓她們憤怒不已、火冒三丈。女人在發怒的時候是很可怕的，她們雖然很少像男人那樣大打出手，但那時的她們很容易喪失理智、出言不遜，或是做出一些讓人大跌眼鏡的事來。這樣的結果往往導致人際關係受到影響，而且很多女士在衝動發怒以後都會覺得後悔莫及。

我想那樣的心情是可以理解的，通常那樣的情況都是因為自己遇到了不公正的對待或是受到什麼委屈。雖然我們說，心裡的抑鬱要及時發洩出來，也許女士們選擇發脾氣這種方法是個不錯的主意，至少讓她們心裡舒服了，不會因此得上心理疾病，可是，不知道女士們有沒有想過，使用這種方法帶來的後果是什麼？

其實，這樣的方法除了讓你逞一時之快外，再無其他任何好處。它既不能讓問題得到解決，更不能讓對方知道自己帶給你的傷害，反而讓你們之間的矛盾更加深化，讓別人更加反感你、厭惡你，甚至反抗你。就像威爾遜總統說的那樣：「你帶著拳頭來見我，我的拳頭會比你握得更緊；可如果你對我說：『坐下來，我們好好談談，看看分歧究竟在哪裡？』那麼我會愉快地坐下來和你交談，說不定我們會發現彼此間的差異沒有想像中那麼大，且我們之間可能還存在很多共同處。」

很多女士認為人類本來感情就很豐富，對事物做出反應也是合情合理的。在一定程度上，我並不反對這些女士的看法，可是，不知道女士們有沒有留心觀察過，往往越是年紀小，越沒有自制能力的人，才最喜歡發脾氣。小孩子們因為心智還不夠成熟，克制力也不夠強，所以他們會把人性表現得更加突出一些，但各位女士，我們是成年人，一個成熟的女性應該做到遇事平靜、理智、克制。

有的女士會認為，所謂「平靜、理智、克制」其實是「懦弱」的代名詞。她們堅信，想要為自己爭取一些合理的權利，就必須以憤怒來做一些反抗。其實事實並非如此，我的朋友蒂斯娜女士就是一個很好的例子。

還在創業階段的蒂斯娜居住在臨時租來的公寓裡，前不久，房東突然提出要抬高她的房租，這對於經濟狀況比較緊張的她來說無疑是有點趁火打劫。蒂斯娜當時很氣憤，因為房東之前明明說好不會輕易抬高房租的。蒂斯娜一直屬於比較理智的人，所以她沒有和房東大吵大鬧，而是決定採用另一種方法來解決問題，她給房東寫了一封信。

親愛的房東先生：

對於您抬高房租的做法我很能理解，現在的房地產行情確實十分看好。很遺憾我不得不離開您的公寓，您實在是一個很不錯的房東。我們的合約馬上就要到期了，我想到時候我不得不立即搬出去，因為漲價後的房租對我來說有些難以接受。雖然我也很樂意在這裡繼續住下去，也許這根本不可能，但我還是想試一試，我真心希望您能維持原來的租金。我很想和您繼續做鄰居，如果恰好您也願意的話。

其實在這之前，房東也收到過不少來自房客的信件，只是裡面的內容和蒂斯娜的大不一樣，那些信每一封都充滿了恐嚇、威脅、侮辱的詞語，所以，在收到蒂斯娜的來信後，房東顯得有些激動，他親自來找蒂斯娜。在得到蒂斯娜熱情地接待以後，房東爽快地答應了她保持原來租金的要求，並開始抱怨那些房客的無禮。在得到蒂斯娜的理解後，房東甚至邀請她到自己家裡做客。

蒂斯娜在和我說這件事的時候，很慶幸地說：「幸好當時我沒有隨便亂發脾氣。這件事真的讓我受益匪淺。」女士們，這就是平靜、理智、克制帶來的好處，現在你還能說這是懦弱的表現嗎？如果這個例子還不能讓你的想法發生改變，那麼我相信下面這個故事一定會觸動你的，因為如果當時洛克菲勒也有著和你們一樣的想法的話，美國的工業史就會改寫了。

那時候洛克菲勒還不過是科羅拉多州一個很不起眼的人物，美國工業史上持續了兩年之久的最激烈的罷工也是從那時候開始的。當時工人們的憤怒已經到達了極點，洛克菲勒所在的鋼鐵公司的員工們也要求加薪。失去了理智的工人們開始破壞公司的財產，甚至將所有帶有侮辱性的詞語送給了洛克菲勒。政府派出軍隊鎮壓，可流血事件還是不停地發生，罷工也依然沒有停止。

我想當時如果很多女士處於洛克菲勒的位置的話，一定會要求政府嚴懲那些「暴徒」，可是洛克菲勒沒有那樣做，他會見了那些罷工的工人，並進行了一次感人肺腑的演講，最後贏得了很多工人的支持。

洛克菲勒在演講中顯得很平靜，他不僅把自己當作是工人們的朋友，還對工人們的做法表示理解和同情。洛克菲勒還表示，他真心實意地願意幫助工人們解決問題，而且他會站在工人們這一方。

我在這裡只是抽出了演講稿中的幾句話讓大家看看，不過，就只是這麼幾句話，我們已經能體會到洛克菲勒非凡的智慧了。

我又要再一次地提到我的偶像，美國歷史上最偉大的總統之一——亞伯拉罕．林肯。他說過：「說服一個人最好的辦法就是克制住自己的憤怒，以冷靜、溫和、友善的態度去引導他們。因為當一個人的內心充滿怨恨時，別人就會對你產生十分惡劣的印象，那時哪怕你用上基督教所有的理論，也說服不了任何一個人。那些喜歡罵人的父母、驕橫暴虐的上司、挑剔嘮叨的妻子，都是最好的例子。」

我還知道一句非常古老的格言：「一滴蜂蜜要比一滴膽汁更容易招來遠處的蜜蜂。」想要別人接受你的觀點，同意你的想法，首先你就得和對方做朋友。你的真誠別人看得到，也感受得到，沒有人會輕易拒絕別人的真誠。

記得《伊索寓言》裡有一個關於太陽和風的故事，這也是我很喜歡的故事。

太陽和風發生了爭執，他們都認為自己比對方更有威力。風說：「人們都害怕我的怒火，我一生氣，狂風就會吹掉他們的衣服。看到那個在行走的老人沒有，我吹掉他的衣服給你看看。」於是，太陽躲到了雲後面，讓風施展他的本領。風用盡了自己的力氣，可是仍舊沒有把老人的衣服吹掉，因為他吹得越大，老人就把大衣裹得越緊，最後，筋疲力盡的風終於放棄了，他不服氣地說：「真倒楣，遇見的老人太堅強了。」太陽從雲後出來了，他笑呵呵地看著老人，不一會兒，老人開始流汗了，於是他脫掉了自己的外套。結果當然是太陽贏了。

很顯然這個寓言故事要告訴我們的是，與衝動、激動、不理智的憤怒比起來，溫和友善的態度更有效。平靜、理智、克制的心態和態度，不僅能幫助女士們解決各種各樣的難題，而且對女士們的身心健康也很有幫助。女士們，你們回想一下，當你們想要爆發的時候，是不是會覺得心跳加快，血壓上升，呼吸也變得急促起來。科學研究表明，這些現象是由於交感神經過於興奮引起的；研究還表明，那些容易衝動、愛發脾氣的人很容易患上高血壓、冠心病等疾病。此外，經常情緒波動不穩定的人還會食欲不振、消化不良，從而導致消化系統疾病。更嚴重的是，對於那些已經患有這些疾病的人，憤怒的情緒很容易使他們的病情更加惡化，嚴重的還會導致死亡。

以前我也會為了一點小事就發很大的脾氣，不過幸運的是，現在我已經學會克制自己了。我希望女士們也根據自己的情況調整好心態，不要再為了一點小事大發脾氣，要使自己成為一個平靜、理智、懂得克制的成熟女人。

成熟的女人要具有堅韌的意志

我和我家附近汽車租賃店的店長埃德華．道斯先生相處得不錯，我們經常會在一起聊天。我們談論過一個話題；成功的人都有什麼樣的共同特點。討論的結果是，我們都認為擁有非凡、堅韌、超乎常人的意志是一個成功者必備的特質。其間，埃德華突然問我：「你知道被稱為『海中礁石』的納尼德．巴德奇嗎？」「是那個精通航海術的人吧？」埃德華點點頭說：「對，就是他！我很佩服這個人，他在十歲以前就開始自學有關拉丁文的知識，並且開始研讀牛頓所寫的《數學原理》。二十一歲就成為一位了不起的數學家。他後來又迷上了航海，於是轉學航海術，聽說他還寫過一本被業內人士稱為經典的關於航海術方面的書呢。一個沒接受過正規教育的人居然能有這樣的成就，真是了不起！」

我也認為納尼德．巴德奇是個偉大的人，而每個偉大的人在取得成功之前所克服的困難，都是常人無法想像的，一個沒有堅韌意志的人是無法做到的。我想，在納尼德成功的路上，肯定有人對他說過：「你真是個無可救藥的人，你沒有接受過正規的大學教育，還妄想能成為科學家？你真是瘋子！」可是納尼德還是靠著自己堅韌的意志，不顧一切地向著自己的目標前進，最後用非凡的成就給予那些人最大的嘲諷。許多成功者用一個又一個的親身經歷告訴我們，對人類來說，沒有什麼是不可能的，「困難」只是一個詞語，在堅韌的意志面前，它毫無作用。

很多女士總能為自己找到藉口，「我也想成功，可是這對我來說太難了。我沒有高學歷，我沒有顯赫的背景，我身體很不好，我被失敗弄得遍體鱗傷，我……」你還怎麼樣了？是的，你還有數不清的看似合情合理的藉口，可你得明白，這些僅僅是藉口，這讓你顯得很脆弱。

看看那些讓我們羨慕，讓我們欽佩的成功人士，他們所經歷的困難如果發生在你們的身上，女士們，你們會取得同樣的成就嗎？羅伯・路易・施蒂文森一生都被疾病所折磨，但他卻永遠積極樂觀，從未讓疾病影響過自己的生活和工作。如果施蒂文森沒有堅韌的意志的話，他是絕對不會在文壇中取得傲人的成績的。還有很多這樣的例子：音樂天才貝多芬是個聾子，拜倫爵士的腳是畸形的，茱麗亞斯・凱薩患有嚴重的癲癇，拿破崙是個被人小看的矮子，莫札特一直飽受肝病的困擾，佛蘭克林．羅斯福是個小兒麻痹症患者，而女作家海倫．凱勒則自小就是個聾啞人。

我想這些故事你們一定都知道，只是你們從來沒有認真去思考過，在這些取得輝煌成就的人的背後，都有著如此巨大的苦難。這些在有的方面還不如普通人的人，他們最後都站在被人仰望的最高峰。

好萊塢著名女星莎拉．貝拉，不僅是所有男人心中的「女神」，更被很多同性羨慕、仰慕著，可是這位大明星在小時候被人稱為「醜陋的私生女」，她還有著一段異常悲慘的童年生活，可是，她沒有退縮，憑藉著堅韌的意志戰勝了所有困難，走到了今天的位置。

女士們，那些具有堅韌意志品質的人，從來不會讓困難擋住自己的去路。面對困難，他們總是勇敢、堅強地面對，想盡辦法克服、解決，他們從不輕易求饒、輕易絕望，更不會找任何藉口來逃避現實。

《在死神面前的完整生命》是一本很鼓舞人的傳記，書中講述一個出生在俄亥俄州的可憐女人愛慕耳．哈姆的事蹟。

愛慕耳出生時右半身就嚴重受傷，醫生當時對她的父母說，她不會活得很久。

可是，即使每天都要忍受因右半身嚴重殘缺而帶來的痛苦，堅強的愛慕耳始終沒有向死神低過頭。她堅強地活了下來，而且一直活到九十歲。在這期間，二十八歲以前她把所有的精力都投入到閱讀之中，二十八歲那年，她加入了衛理工會，成為一名傳道士。

後來愛慕耳還經歷過兩次足以致命的事故，幸運的是，她得到了貴人相助，在經過幾個月的治療之後康復了。她不但沒有退縮，沒有放棄自己的信念，反而更加努力。她把自己所有的精力都投入到公益事業當中，建教堂、創立基金，而且經常給附近的學校和醫院提供幫助。七十歲退休之後，她還經常進行講道、寫書、募捐等活動，獲得的資金她全都用在了教育事業上。臨死前，愛慕耳已經是二十多所專業學校和一所大學的名譽董事了。

在愛慕耳的生命裡沒有「困難」這個詞，她簡直就是「勇氣」、「堅韌」的代名詞。

女士們，是否已經啞口無言或是心理暗暗地想：「卡內基先生，我們也很佩服愛慕耳女士，我們也很想做她那樣出色的女性，只是，一切都太晚了，我們早已是幾個孩子的母親了，我們沒有時間也沒有那個機會了。」

不，女士們，你們不能有這樣的想法，為了糾正你們錯誤的思想，我決定再給你們講一個真實的故事。

我在紐約講課的時候，班裡有一名叫波尼的女學員讓我特別關注，因為這位身材矮小，而且已經七十歲的女學員曾經直言不諱地對我說，她來上課是想知道自己究竟該如何度過她剩下的時間。

波尼女士曾經是一所學校的老師，後來因為一些原因被辭退了，為了維持生計，她不得不整天忙碌奔波。她找了很多份工作，而且做得很快樂，在她「眾多」的工作中，她最喜歡的就是到幼稚園給孩子們講故事，因為以前做過老師，所以她懂得配置幻燈片，而且她每次用心挑選的故事總是很受孩子們的歡迎，這使她感到非常快樂。

我問她為什麼不考慮把這當成她的事業，她有些激動地告訴我，她正有這個打算。她對我說，她不認為她的年齡對她來說是一個障礙，相反，她認為年紀大反而是優勢，因為她可以憑藉多年的教學經驗，把那些故事講得更精采、生動。

可事情並沒有她想像的那麼樂觀，很多環節都顯得有些難辦。比如，資金首先就成了一個難題，沒有人願意把錢投資給一個已經七十歲高齡的老婦人，但波尼並沒有退縮，她還是想到了解決辦法，她找到了「福特基金會」，這是一個一直很熱衷於文化推廣工作的組織。她向基金會遞上了一份詳盡的計畫書，還很認真地做了試講，不但效果非常好，且她的行動受到很多人的支持，於是基金會決定資助她。

女士們，我想你們都還沒有七十歲吧？如果波尼當時也以自己太老了為藉口，那麼今天美國就會有成千上萬個兒童聽不到世界上最有趣的故事了。波尼憑藉堅韌的意志，戰勝了困難，把想法付諸行動，最終取得了成功。

小時候，我因為自己長得太高而感到很自卑，很多年以後，我才明白，身材的高矮並沒有等級差別，不管高矮都能給我們帶來一定的好處或壞處，而這一切，主要取決於我們的心態。蕭伯納就很看不起那些面對困難時選擇退縮的人，他說：「有些人總是習慣性地抱怨自己的處境不好，然後埋怨環境讓他們不能取得成就。我說這些人說的都是鬼話，為什麼你自己不去製造一個你心中所想的那種環境呢？」

女士們，別再猶豫了，立刻行動起來，走向成熟的第一步就是讓自己練就出堅韌的意志。

第4章

營造友好的社交氛圍

女人存在社會，同樣也要與形形色色的人打交道，所以，社交對於女人的生活也有很大的影響。如果你想擁有好人緣，想要打造超強人脈，那就一定要做到與他人和諧相處。

不批評，不指責，不抱怨

惡名昭彰的「紐約之鼠」達奇．舒茲生前在接受報社記者訪問時，他並不認為自己有什麼罪惡，反而認為自己是在造福群眾。美國鼎鼎有名的黑社會頭子阿爾．卡瓏在被處決前也說：「我這一生最美好的歲月都在想著怎麼為別人帶來快樂，讓所有的人享受美好時光。可我造福民眾的好意卻被社會誤解，不但辱罵我，還讓我成為亡命之徒。」

之所以給大家舉這些例子，我是想讓妳們知道一個道理，那就是這些亡命之徒從來就沒想過要為自己的行為負責，或者可以說他們根本不認為自己的行為是錯誤的，既然他們犯下如此的罪惡都能是這樣的表現，我們又何必強求一般人呢？這可能也是人的本性吧，你的批評、責怪和抱怨是不會在別人身上產生一點兒正面作用的。大家總是能為自己的行為找到理由，不管別人看來有理無理，反正覺得自己的做法是對的，有時還要為自己的行為辯解一番，因為他們認為自己根本不應該被批評、責怪或抱怨。

從心理學角度看的確是這樣，所有人都不樂願接受別人的指責，女人如此，男人亦如此，而且男人更害怕來自女人的指責，那樣會深深傷害他們的自尊心。所以，作為一個善解人意的女人，我勸你還是戒除掉批評、責怪或抱怨的習慣為好。

剛才我提到了，你的批評、責怪和抱怨並不會在別人身上產生任何正面作用。我現在想說的是，這樣做不但沒有正面作用，且副作用還大得可怕。我的心理學家朋友曾對我說：「受到批評後，往往會使人情緒大為低落，這樣做對應該矯正的狀況是一點好處也沒有的。」

我的鄰居約翰曾經有一個讓人羨慕的幸福家庭，賢慧的妻子，三個漂亮的女兒，一家人總是和樂融融，不幸就發生在一次三姐妹獨自駕車去郊外旅遊的路上。那天，在市區時汽車都是由開車技術很好的兩個姐姐駕駛，到了人煙稀少的郊外，剛學開車的妹妹執意要練練手藝，姐姐們說不過她，只好答應了。妹妹顯得過於興奮，那時，悲劇就發生了。當時汽車像脫韁野馬一樣向前奔去，在經過一個十字路口時，和一輛從側面駛過來的大拖車相撞，兩個姐姐一死、一傷，小妹也腿骨骨折。這次車禍的原因是因為妹妹想在紅燈亮起之前通過，所以突然加大了油門，可又一時沒把握好。

約翰夫婦得知消息後立即趕到了醫院，妹妹自責地蹲在牆角，一言不發，也做好了心理準備接受父母的責罵。可是，當約翰夫婦看到他們倖存的兩個女兒時，立即上前緊緊地擁抱她們，雖然他們已經知道事情發生的原委。一家人熱淚縱橫，父母沒有一句責怪的話，好像不知道車禍是怎麼發生的一樣。

其實，肇事的小女兒後來也問父母，為什麼他們沒有責怪她，她的姐姐是因為她才死的。約翰夫婦淡淡地對她說：「孩子，你的姐姐已經走了，這是不可挽回的事實，而且我們都知道，你並不是故意的，如果我們再責怪你，只會讓你背負著『造成姐姐死亡』的沉重心理包袱，你以後的人生哪還會有幸福可言呢？」

約翰夫婦真是一對偉大的父母，他們用自己的理智和愛挽救了小女兒一生的幸福。

我相信女士們都有這樣的經歷，當你指責你的男友或是丈夫時，即便他真的是錯了，你得到的結果也只會是沉默或者反唇相譏。這顯然是他對你的指責的對抗，儘管他們深愛著你。

其實不僅是深愛你的男人會這樣，有時你也會這樣，人都是這樣的。在做錯事的時候不會主動去責怪自己，想到的只能是怨天尤人。所以，女士們，當你想要責怪別人的時候，請你想想阿爾．卡龐、「雙槍殺手」克勞雷和約翰夫婦這樣的例子，徒勞無功而且會適得其反的結果，我猜也不是你想得到的。

陸軍部長史丹唐是這樣評價我的偶像林肯的，他說：「這裡躺著的是人類有史以來最完美的統治者。」我在深受他的提醒之後，對林肯的處世之道進行了深入的研究。用了十年的時間，我系統、透徹地瞭解了林肯的一生，包括他的性格、居家生活和他待人處世的方法，最後，我又用了三年時間寫成了《林肯的另一面》。

「最完美的統治者」剛開始時也並不那麼完美。年輕時的林肯很喜歡批評別人，他甚至有一個愛好，就是把寫好的諷刺別人的信丟在鄉間路上，故意讓當事人發現，這樣做讓他很有成就感。在他做見習律師的時候，經常會在報上公開抨擊反對者，結果有些行為導致的後果使他刻骨銘心，永生難忘。

一八四二年秋天，林肯在《春田日報》上發表了一封匿名信，嘲弄一向自視甚高的政客詹姆士．席爾斯，他出色的文采讓全鎮把這事當成了笑料。詹姆斯本來就自負而敏感，哪受得了這樣的嘲弄，他當時憤怒不已，發誓一定要查出寫信的人。當知道這一切都是林肯的做為之後，他對林肯發下戰書要求決鬥，口口聲聲說要和林肯一決生死。林肯被逼無奈為了榮譽只好接受挑戰，之後還做了充足的準備，但是真到了約定時期，林肯還是感到害怕了，幸好在最後一刻有人阻止了他們，才終止了決鬥。

林肯說，這是他人生中最驚心動魄的一件事，也是這件事讓他深深地懂得了與他人相處的技巧。從那以後，他再也沒有寫信罵過人，更不會任意嘲弄人了。也是從那個時候開始，他不會為了任何事去指責任何人，甚至南方人。他經常對自己說：「你不論斷他人，他人就不會論斷你。」當自己的夫人極力譴責南方人時，林肯說：「不要責怪他們，如果是我們遇到那樣的情況，我們也會那樣做的。」正是那次慘痛的經驗告訴他，尖銳的批評和攻擊，根本得不到任何效果，反而會使情況越來越糟。

我年輕時，曾幫一家雜誌社撰文介紹作家。那時美國文壇出現了一顆頗引人注目的新星，名叫理查・哈丁・大衛斯，我決定寫信給他，讓他談談自己的工作方式。為了給大衛斯留下深刻的印象，我做了一件至今讓我很後悔的事，我在給大衛斯的信結尾處加了這麼一個附注：「此信乃口授，並未過目。」這樣寫是因為我曾收到過一封這樣的來信，我覺得這樣做會使別人認為你忙碌又具重要性，雖然我當時一點也不忙。

大衛斯果然很快就給我回信了，不過是把我寄給他的信退回來，還在信後潦草地寫了一行字：「你惡劣的風格，只有讓原本惡劣的風格更甚。」當時我覺得很惱怒，儘管確實是我自己弄巧成拙了，確實也應該受這樣的指責，但是我真的一直對此事耿耿於懷，以至於十年後我獲悉大衛斯過世的消息時，心裡第一時間想的就是——我實在羞於承認我受到的傷害。

現在每當我想指責他人的時候，我就會從錢包裡拿出一張五美元的鈔票，看著上面的林肯頭像問自己：「如果是你遇到這個問題，你會如何解決？」

我們生活在這個文明時代，雖然指責別人肯定不會遇到林肯那樣的遭遇，但是因此而產生的怨恨卻也是不容易化解的。女士們，你要知道，我們所相處的對象，並不是絕對理性的動物，而是充滿了情緒變化、成見、自負和虛榮的人。

請妳們記住，待人處世的第一原則就是不要批評、責怪或抱怨他人，但假如你實在想引起一場令人至死難忘的怨恨，那你就去發表那些刻薄的批評好了。

真誠讚美他人，真心喜歡他人

人性本質裡最深遠的驅動力就是「希望具有重要性」，這是美國學識最淵博的哲學家之一——約翰·杜威提出的觀點。

有這樣的說法，說「食欲、性欲、求生欲」是人類的三大本能，但我認為人們對這種「希望具有重要性」的迫切期望，絕不亞於對前三者的需要。威廉·詹姆士曾經說過：「人性本質裡就有渴望被人肯定的需求。」林肯也曾經提到「每個人都喜歡得到別人的稱讚」。可以這樣說，我們的祖先就是在這種「希望具有重要性」的促使下，一點一點地創造出了今天的一切文明，如果沒有這種需求，也許我們現在和動物也沒什麼兩樣。

人都希望自己能夠得到別人的重視，特別是男人，他們尤其希望能夠引起女性的重視，他們很渴望從女性那裡獲得滿足這種「希望具有重要性」的感受。所以，作為一個女人，當你想和別人相處融洽，當你想成為一個受歡迎的人，那你首先要做的就是滿足他們這種「希望具有重要性」的心理，最簡單有效的做法就是真誠地讚美他們。

當你想找一個稱心如意的伴侶或是擁有一個美滿幸福的家庭時，在你真心喜歡對方的情況下，你最應該做的事就是真誠地去讚美他，這樣會讓你們彼此都擁有幸福的美好感覺。

事實上，在歷史上像這樣的例子多不勝數。令美國第一任總統喬治·華盛頓最高興的事，就是有人當面稱呼他「美國總統閣下」；偉大的航海家哥倫布，他曾經要求女王賜予他「艦隊總司令」的頭銜；偉大的作家雨果，他最熱衷的莫過於有朝一日巴黎市能改名為雨果市；莎士比亞這樣的文豪，也希望能為自己的家族謀得一枚象徵榮譽的勳章。

我舉這麼多成功男士的例子，就是想告訴女士們，一個男人不管多成功，也永遠不會對那美妙的讚美聲產生厭倦，這是一個經過驗證的真理。所以，如果你想成為男人眼中最善解人意、最迷人的女性，那就請不要吝嗇你真誠的讚美。

相對於男性，我想女士們在日常生活中接觸更多的還是同性朋友。我在這裡也可以很肯定地告訴你們，女人對讚美的渴望絕不亞於男人，且更甚於男人，我相信身為女人的你肯定也是深深認同。

朋友的妻子在參加了一個自我訓練與成長的培訓班後，回到家就急切地對丈夫說：「親愛的，今天老師讓我們回家後，每個人讓自己的丈夫給自己提出六項能讓我們變得更加理想的建議。」

朋友當時心想：「六項？真要讓我列舉出能讓她變得更理想的建議，我能列出成百上千個。」但朋友並沒有那樣做，當時她只是對妻子說：「好的，親愛的，不過這得讓我好好想想，明天早上我會給你答案。」

結果第二天早上，我的朋友一起床就給花店打了一個電話，讓花店送六朵火紅的玫瑰花來，並且讓花店在每一朵玫瑰花上都附了一張紙條，上面寫著：「親愛的，我想了一晚上，實在想不出你需要改變什麼，我最喜歡的就是你現在的樣子。」我想說到這裡，女士們都能猜到事情的結果了。是的，就在我朋友傍晚回家時，他的太太幾乎是含著熱淚在家門口等他回家。朋友告訴我，他覺得不需要再解釋了，他很慶幸自己當初沒有照妻子的要求趁機批評她一頓。我也跟很多女士說起過這件事，幾乎每一個女士都是相同的觀點，拿她們其中一句比較有代表性的話來說就是：「這真是我所聽到過最善解人意的話了，真是個懂得關心人的丈夫。」

也是通過這件事，使我更加認識到了喜歡和讚賞他人的力量。試想，如果當初我的這位朋友選擇了給妻子提出六個建議，結果會是怎樣呢？恐怕等待他的就是妻子滿腹的委屈以及他們之間無休止的爭吵。

女人都是這樣的，希望別人讚賞，希望別人重視，就算自己做得確實沒有那麼好。「挑剔」似乎成了女人的天性，女人對她身邊的人總是很不滿意，她們總是認為，身邊的人做得遠遠不夠，至少還沒有做到能夠讓她讚賞的那個地步。即使真的在心裡有佩服的人，她們也很少把這種心情表達出來。

我也不知道這能不能算是朋友成功的原因之一，反正我知道幾乎所有成功人士都會真誠地讚賞和喜歡他人。查理·夏布和安德魯·卡內基就是這樣的例子。

因為安德魯·卡內基的提名，查理·夏布在三十八歲時就成為美國鋼鐵公司第一任總裁。

是什麼使得年輕的夏布成為全美少數年收入超過百萬美元的總裁呢？為什麼卡內基願意每年花一百萬美元聘請夏布先生，難道他真的是鋼鐵界的奇才？我就此疑問採訪過夏布先生，他給我的答案是，其實在他手下，比他更懂鋼鐵製造專業的人有很多，他認為自己之所以能有今天的成就，主要是因為他非常善於處理和管理人事。我是個好奇心很強的人，於是緊接著問他是如何做到這一點的。他的回答中有兩句話讓我特別有感觸：如果說我有什麼訣竅的話，我想那就是真誠、慷慨地讚美他人，我認為讚賞和鼓勵是促使人們將自身能力發揮到極致的最好方法。

這就是夏布成功的秘訣，不僅如此，他的老闆安德魯·卡內基也是憑藉這一秘訣獲得成功的。

真誠地讚賞和喜歡他人是女士們處理人際關係最好的潤滑劑，你問我為什麼？那讓我直接來告訴你好了。

女士們，我們在人際關係中交往的對象是誰呢？對了，是人，是那些渴望被人讚賞的人。你指責別人既不能改變他們，也不能使他們得到鼓舞，那麼還不如讚美他、給予他人歡樂，這也是人類最合情合理的美德。在美國，有這樣一個現實，那就是因精神疾病導致的傷害要比其他疾病的總和還要多。我曾經向一家著名精神病院的主治醫師請教過導致精神疾病的原因，答案讓我很震驚，因為答案並不是我認為的精神異常，往往是由各種疾病或外在創傷引起的。醫師告訴我，至少有一半精神異常的人，其腦部器官是完全正常的，至於到底是什麼原因引起人們精神變得這樣異常，他也不能說得很清楚。但是，他很肯定地告訴我，很多時候人之所以會精神失常，是因為他們在現實生活中得不到「被肯定」的感覺，所以他們要去自己想像的另一個世界尋找這種感覺。

醫師為了讓我更清楚他的說法，他給我講了一個真實的例子：

他的一個女病人，總是幻想自己生活在另外一個世界，這個世界對她來說不是真實的。在那個世界裡，她和一個貴族結了婚，她是個貴婦人，他們還有一群可愛的孩子，一家人過得很幸福。

原來，這個女病人是那種生活比較悲慘的人，她有一個不幸的婚姻，而且一直沒有孩子，她渴望被愛，渴望性的滿足，更渴望有一個孩子，還渴望能獲得別人的尊重和理解，但現實把她的夢想一個個都毀滅了，最後，她瘋了。

說到這裡，那位醫師很無奈地告訴我：「說真的，其實就算我可以治好她的病，我也不忍心那樣去做，因為現在的她比以前快樂多了。」

聽完這個故事後，我的心情一直很沉重。這個可憐的女人，如果當初她身邊的人能給她多一些讚美、肯定，她的丈夫能對她好一點，她根本就不會瘋。現實生活中可以擁有的東西，何必要去另一個世界尋找。

在這裡，我要送給女士們一句我很喜歡並且一直貼在我家鏡子上的格言：「人的生命只有一次，所以任何能夠貢獻出來的好的東西和善的行為，我們都應該現在就去做。」

我每天都會反復看這句話，我希望它能時時刻刻提醒我別忘了去喜歡、讚美他人。我相信，你和我沒有什麼不一樣，男人和女人也沒有什麼不一樣，誰都希望得到別人發自內心，由衷地、真誠地喜愛和讚美。

避免正面衝突，不做無謂的爭辯

人都會犯錯，我也不例外，而且，我經常會犯一些很愚蠢的錯誤，即使我已經成年了。還記得那次是二戰結束後不久的一個晚上，我在倫敦的一個宴會上得到了一個讓我終生難忘的教訓。

不知道大家還記不記得那位戰後不久用三十天時間環遊全球而轟動世界的史密斯爵士，我那時的工作就是這位赫赫有名的爵士的私人助理。一天晚上，我陪同他參加了一個專門為他準備的歡迎宴會。宴會開始不久，大家就都閒談起來，這時，坐在我旁邊的一位先生給大家講了一個很有趣的故事，他在講故事的過程中提到一句話：「人類可以變得無比粗俗，但那位神始終都是我們的目的。」也不知道他是出於什麼目的，可能是為了賣弄或是為了增強說服力吧，他很自信地對我們說：「這是一句出自《聖經》的話。」

當時我很肯定他說錯了，那句話和《聖經》一點關係都沒有，這句話出自威廉·莎士比亞的一本著作，我非常肯定，然後，我就開始做了一件讓自己現在都後悔的事。我為了使自己顯得比他聰明，看起來比他知識淵博，我授權自己作為一個不受歡迎的傢伙指出了他的錯誤。我當著大家的面告訴他，這句話是出自莎士比亞的著作，而不是他說的《聖經》。可沒想到那個人十分固執，他不但堅持認為自己是對的，甚至還憤怒地說：「這句話絕對是出自《聖經》，你真是太可笑了，居然說它是出自莎士比亞的著作？」然後，我們兩個爭論得不可開交。

故事講到一半了，我想先停一停，因為我知道很多女士在這時已經和我產生共鳴了，因為你們也經常會遇到這樣的情景，而且你們也和我一樣做出愚蠢的舉動。

爭強好勝可不是男人的專利，如果單從互相攀比的心理來說，女人這樣的心理可能比男人還要多一點。心理學家告訴我們，女人的虛榮心、自尊心都比男人強，也正是因為這種心理的支配，女性們都希望在特定的場合，特別是在眾目睽睽之下，證明自己是對的，別人是錯的，她會因為這樣而感到很大的滿足；同樣的道理，沒有人希望自己的權威和尊嚴受到挑戰。當別人試圖改變你堅持認為正確的想法時，你也一定會嚴守自己的立場，堅決不做出任何退讓。別人也是會這樣做的，所以，大家都不甘落後，於是就開始爭論起來，而且一定要爭論出個結果，但其實這樣的爭執往往除了讓爭執雙方的關係更尷尬以外，沒有其他的結果。

好了，讓我們回到剛才那個故事吧。我們爭論了一會兒以後，誰也不能說服誰。我突然想起來，坐在我一邊的是一位研究莎士比亞的專家，他就是我的老朋友加蒙，所以，我讓加蒙作裁判，來證明一下，我們到底誰是正確的。

加蒙偷偷地用腳踢了我一下，然後說：「戴爾，你錯了，這話確實出自《聖經》。」當時的感覺我真的不能用言語來形容，反正讓我很不舒服，很難受。

宴會結束後，我很生氣地找到加蒙：「加蒙，你為什麼那樣做？你明明知道那句話確實是出自莎士比亞的著作。」加蒙點了點頭，說：「這句話確實出自莎士比亞的著作，戴爾，你是對的，但你為什麼要證明他是錯的？你完全可以以後再告訴他，我們只是一個客人，你為什麼不能保全他的面子？難道你想就這樣多一個敵人？戴爾，記住，永遠要避免和別人正面衝突。」

故事結束了，加蒙的那句「永遠要避免和別人正面衝突」也被我永遠記在了心裡。我真的很慶幸我有這樣的朋友，不知道女士們和別人爭論不休的時候，會不會有這樣一個朋友在你旁邊對你說出這樣的話？

但我推測，就算你的身邊有對你說這樣的話的朋友，你在當時也聽不進去，因為你的自尊心、虛榮心和優越感讓你一定要通過爭論來證明自己。我並不是毫無根據在說這些話，我自己就是一個執拗的辯論者。年少時，我最喜歡參加各種辯論活動，至今，我也非常熱衷於研究辯論術，甚至還有過寫一本有關辯論的書的打算。然而，經過數千次的辯論賽使我得到一個結論：避免辯論是獲得辯論最大利益的唯一方法。

蘇菲是一名載重汽車的推銷員，也是我培訓班的學員，她之所以來上培訓班，是因為她從未有過一次成功地將自己的產品推銷出去的經驗。我和她談過一次話，然後我就知道她為什麼推銷不出去產品了。她的專業知識其實已經足夠了，也能說得頭頭是道，可她最大的問題就是容易和顧客發生爭執。每次只要買主說出一絲貶損她的產品的話，她就會氣憤地與人家進行一場爭論。她並不認為自己這樣做有什麼不好，反而還認為自己教會了那些傢伙一些有用的東西，只是結果就是汽車沒有賣出去。

對於她的這種情況，我教她的辦法很簡答——保持沉默，當別人說了她不願意聽的話之後就保持沉默，不要和人發生衝突。如今蘇菲已經是他們公司的銷售明星了，事實證明我的方法是有效的。

女士們，也許你並不是推銷員，但其實你每天也在推銷東西，只不過推銷的不是載重汽車而是你自己，你們都希望成功地把自己推銷出去，成為受人歡迎的人。如果你真的這樣想，那就立即停止與人爭論的習慣。有的女士不但不能做到這一點，反而陶醉在那種與人爭論的美妙感覺中，她們覺得在爭論之中自己永遠都不會失敗。

老佛蘭克林曾經說：「如果你辯論、爭強、反對，你或許有時獲得勝利；不過，這種勝利是十分空洞的，因為你永遠得不到對方的好感。」我十分贊同佛蘭克林的話，因為我也認為爭論不休對女士們來說真的沒有一點兒好處。

女士們，在人際交往過程中，妄圖通過爭論來改變對方的想法，這種做法是不可行的，而且相當愚蠢。就算你的觀點是對的，可你根本不能改變對方的思想，即使他知道自己是錯的，而你在這種無聊的爭論中，又得到了什麼？爭論下去，你得到的可能是暫時的、口頭的勝利；你停止爭論，得到的將是別人對你永遠的好感。聰明的人都知道自己應該選擇什麼，因為他們知道這兩者是不可兼得的。

我喜歡林肯，因為他在為人處世方面真的表現得很成功，他所有這方面的技巧不僅適合和他一樣想要取得成功的男士，對女士們同樣也適用。有一次，林肯重重地責罰過一個年輕的軍官，因為年輕氣盛的他與別人產生了爭執，林肯狠狠地對他說：「與其因為爭奪路權被一隻狗咬，還不如事前給狗讓路。不然的話，即使你把狗殺死，也不可能治好傷口。」這是一句寓意頗深的話，而有人也確實運用這句話解決了很大的問題。

巴森士和一位政府稅收的稽查員發生了爭執，作為一位專業的所得稅顧問，他堅定地認為那名稽查員讓他繳納的稅款是一筆不應該繳的稅，雙方爭論了一個多小時，還是誰都沒能說服誰。最後，巴森士冷靜下來，對稽查員說：「好吧，與你必須做出的決定相比，我們的爭論是毫無意義的。儘管我曾經研究過稅收問題，但我畢竟是從書本上學到的，而你卻是從實踐中學來的。」結果那位稽查員馬上站起身來，不僅和巴森士說了很多關於工作的事，居然還和他講起了有關他孩子的事，最後禮貌地告辭了。幾天以後，他再一次找到巴森士，並且告訴他，他可以完全按照巴森士的意思去做。

巴森士雖然是一位顧問，可是他並沒有運用什麼高超的技巧，他只是避免了與稽查員正面衝突，因為這就足夠了。他只是滿足了那位稽查員的自尊，一旦巴森士承認了他的重要性，對方也會立即停止辯論。聰明的女士們，你們是否應該向巴森士學習這一簡單的溝通技巧呢？

寬容別人就是自我救贖

因為工作的關係，我有很多心理專家的朋友，羅賓就是其中一位。有一次我去華盛頓拜訪他，在吃晚飯的時候他給我講了一個親身經歷的故事：

羅賓參加過一個名為「拯救靈魂」的公益活動，也是在那裡認識了一個名叫伊莉莎白的女士。這位已經五十九歲的女士看起來並不開心，而且她的眼神裡沒有應有的對那些失足孩子的慈愛，她的眼神裡充滿了憎恨。羅賓因為好奇，主動走上前去和她打招呼，並問她是否需要幫助。伊莉莎白冷冷地看了一眼羅賓，又用充滿憎恨的眼神盯著那些孩子，惡狠狠地對羅賓說：「他們都是惡魔的化身，他們都是殺人犯！」

羅賓瞭解後得知，原來伊莉莎白當時十五歲的兒子因為一次意外，被一群成天遊蕩的不良少年亂刀砍死了，從此伊莉莎白的心中就充滿了仇恨，每當她上街看見那些在街上遊蕩的不良少年，她都會想要衝過去把他們給殺了，而且這種衝動越來越強烈，甚至不受自己控制。

羅賓瞭解了緣由後，決定要幫助這位可憐的女士擺脫這種痛苦的煎熬。他再一次找到了伊莉莎白，對她說：「您好，夫人，您的不幸遭遇我已經聽說了，對此我真的感到很遺憾，可是事情已經過去那麼久了，且仇恨也解決不了任何問題，您不應該繼續這樣下去了，這對您其實也是一種煎熬。其實，您可以想想，那些孩子同樣是受害者，他們也是很可憐的，他們很多從小就沒有父母，或是在很小的時候就被父母拋棄了，社會也沒有給他們及時的幫助。這些孩子從來沒有感受過溫暖，更不知道溫情和愛是什麼東西。」

「那又怎麼樣？難道這樣就可以奪走我的小喬治的生命嗎？」伊莉莎白女士顯然不願意接受羅賓的話，很氣憤地說。

「可您也知道，那只是個意外，那些孩子也不是故意的，女士，為什麼您不能放下心中的怨恨呢？」羅賓平靜地說，「而且我可以向您保證，如果您能忘記心中的仇恨，能夠以寬容的態度對待那些孩子，您會擁有更多的小喬治。」

「後來呢？她走出來了嗎？」羅賓講到這裡，我已經有些迫不及待地想知道結果。「是的，戴爾，她做到了。她嘗試著參加了拯救靈魂團體，每個星期她都會抽出一天的時間去離家不遠的一家少年犯罪中心，和那些她曾經深惡痛絕的孩子們進行零距離的接觸。剛開始的時候，她也很不自然、很不習慣，可後來經過一段時間，她發現自己的心態慢慢開始轉變了，她發現這些孩子原來真的有她以前不知道的一面，那些孩子的內心都十分渴望得到別人的愛，甚至有些孩子還希望叫她一聲『媽媽』。天生的母性使伊莉莎白徹底被這些孩子感動了，她不但融入了這個團體，還認領了兩個孩子。只要一有空，她就會帶著自己親手製作的美食去看望這兩個孩子。後來那兩個孩子成功地從犯罪中心走了出去，伊莉莎白又重新認領了兩個孩子，而且她說她會一直這樣做下去。」

羅賓有些傷感地接著說：「前不久，伊莉莎白女士離開了人世，她在臨終前握著我的手對我說，她已經沒有什麼遺憾了，現在的她覺得很幸福。她說自己做夢也沒有想到，當她用愛心寬容地對待了那些孩子以後，得到的是自己一直渴求的天倫之樂。她說不是她拯救了那些孩子，而是那些孩子解救了她。」

聽完這個故事，我也深深被感動了，因為我看到了人類最偉大的美德——寬容的力量。女士們，我想你們也和我一樣，都為伊莉莎白女士感到高興，她能在自己生命的最後幾年裡，以寬容的態度將自己從失去兒子的痛苦中解救出來。不過遺憾的是，當你們在為伊莉莎白女士的解脫感到高興的時候，似乎沒有意識到自己也需要被解救。

在我的培訓班上就有很多女士不能以寬容的態度對待別人犯下的錯誤。她們痛苦地向我傾訴，說她們感到很難過，因為這個世界越來越冷漠，不但以前的朋友形同陌路，就連那些和自己素不相識的人也會傷害自己。她們絕望地說，生命對她們來說不過是一個時間概念而已，親情、友情、愛情都讓她們感到失望，她們根本體會不到生命的樂趣。

每當我聽到這樣的抱怨時，我就會給女士們講伊莉莎白女士的故事，告誡她們要以寬容的心對待別人，因為只有那樣才會使自己受人愛戴，同時也可以解救自己。其實，在提醒女士們的時候，也是在提醒我自己應該寬容地對待別人，而這樣的做法真的幫我把一份仇恨變成了一段友誼。

那時我在電臺當主持人，有一集的話題是討論有關《小婦人》作者露易莎梅・阿爾科特的事情。本來我是知道這個女作家生長的地方——馬塞諸塞州的康考德，不過因為我的粗心，我記錯了這個地方的位置。這一個顯而易見的錯誤在我連續兩次的播報之後，信函、電報、激烈的言詞、憤怒的言語乃至於侮辱性的文字就像洪水一樣向我湧來。一位生長在康考德的老太太，對我說錯她家鄉位置的做法不能接受，她的來信上基本都是我不能接受的語言。我當時也十分氣憤，立即寫了一封回信，信上，我首先對我犯下的錯誤道了歉，然後我告訴這位老太太，她在禮儀上的粗魯比我犯的錯誤更讓人不能接受，正當我還想寫下一些過激的語言時，我突然想到了伊莉莎白女士。我告訴自己，一定要冷靜下來，我告訴自己要理智，她已經這麼大的年紀了，我沒有必要跟她計較，我應該寬容地對待她。

冷靜下來以後，我給這個女士打了一個電話。在電話中，我坦承了自己的錯誤，並且真心希望她可以原諒我。事情比我想的好很多，她並沒有再說那些令人難以接受的話，她不僅對我的認錯態度表示滿意，也承認她的信的確有很多地方用詞不當，希望得到我的原諒。最後，她還說很希望和我保持長期的聯繫。

這件事以後，我更加堅信了自己的想法，從此不管遇到什麼事，不管別人犯下什麼錯，我都告訴自己，冷靜下來，用寬容的態度去對待，而這樣的做法確實讓我得到了很多好處，所以，我很希望你們也能這樣做。

寬容是人際關係的潤滑劑，更是人與人之間友誼的橋樑，而且，寬容的好處可不僅僅是對別人而言。寬容確實可以讓別人不接受錯誤的懲罰，也可以不接受良心的譴責，但寬容最大的受益者其實是我們自己。這個道理，也是我的朋友威瑪女士告訴我的。

威瑪是一位成功的音樂經理人，也是美國最早的音樂經理人之一。大家都知道，那些音樂家們的脾氣都是很古怪的，他們任性、刻薄，總是會有意無意地給你製造出這樣那樣的麻煩。而威瑪能和那些世界上一流的音樂家們打那麼多年的交道，而且做得很成功，這引起了我極大的興趣。

「威瑪，你到底是用什麼辦法和那些難纏的人打交道，而且還能這麼成功？」

「戴爾，這很簡單，其實我一直把他們當作孩子。」面對我的提問，威瑪微笑著說，「他們有時確實很『難纏』，撒嬌、任性，而且他們還很會惡作劇，有時真的過分得讓你無法忍受。」

「那你都是怎麼應對這一切的呢？」我對她成功的經驗很感興趣。

「其實這很簡單，我的秘訣就是從來不把他們當敵人看，我把他們都看做是孩子，我對自己說他們只是孩子，他們犯下的一切錯誤都是可以寬容的。這真的是一個很有效的辦法，戴爾，你知道嗎，這樣的寬容最大的受益者其實不是他們，而是我自己。」威瑪輕鬆地說完之後，還給我講了一個小故事：

她曾經擔任過一個很著名的男高音歌唱家的經紀人，那的確是一位很有實力的歌唱家，他的聽眾不計其數。人紅了自然脾氣也就大了，這位歌唱家脾氣暴躁、愛耍性子在圈子裡可是出了名的，很多經紀人都因為受不了他的脾氣而不再與他合作。當威瑪接了他的經紀人工作時，朋友們都為她捏了一把冷汗，可是威瑪知道自己一定沒問題。

那天，威瑪敲開了歌唱家的門，提醒他今天晚上的演出需要好好準備。進門以後，歌唱家慵懶地坐在沙發上，皺著眉頭對威瑪說：「親愛的威瑪，真是對不起，我想取消今天的演出，因為我的嗓子現在很不舒服。」

「哦，這真是太遺憾了，好吧，我會取消這次演出的。要不要我陪你去醫院看看？」威瑪很平靜地說。

「你是說你會安排取消這次演出？」歌唱家有些不相信自己的耳朵。

威瑪依然平靜地說道：「是的，先生，我認為您的健康最重要，取消演出最多也就使您損失一些金錢，但我想這些錢對您來說並不算什麼，也許還會讓您的聲譽受點影響，不過我想既然您已經決定了，您肯定已經想得很清楚了，所以，我尊重您的選擇。」歌唱家若有所思地說：「嗯……這樣吧，你下午一點再來，那時也許會好一點。」

最後，音樂會不但如期舉行，且歌唱家發揮得很不錯。在音樂會結束以後，威瑪向音樂家表示祝賀時，音樂家對她說：「你真是我見過最好的經紀人，誰都能看出我當時完全是裝出來的，你不但沒有發脾氣，反而還在為我著想，真的讓我很感動。要知道，我以前的那些經紀人，他們根本不可能這樣寬容我的任性和固執，他們對我的這種做法不滿意時，總是像個瘋子一樣大喊大叫，大發脾氣，認為我不能體諒他們。其實他們那樣真的很搞笑，謝謝你，威瑪，我今天的音樂會這麼成功也有你的功勞。」

女士們，我相信你們已經看到寬容的力量了，也相信你們知道以後該怎麼做了。寬容是上帝賜予人類獲得幸福、快樂的源泉，當你寬容對待一切的時候，你也會獲得永久的幸福與快樂。

讓對方主動做出你希望的選擇

女士們，不知道你有沒有過這樣的困惑？當你很想把自己的意見或是想法推銷給別人的時候，得到的總是別人的不理解或是不接受。如果是這樣的話，說明你是一位失敗的推銷員，因為你不能把自己的想法推銷給別人，你不能讓別人接受你。

蘇珊是一家醫療設備製造廠的推銷員，她在向我尋求幫助時是這樣說的：「卡內基先生，我真的不知道為什麼他們會那樣對我，我也看過很多推銷方面的書，我也真的很真誠、很努力地為他們解說，可是不管我使用什麼辦法，都不能觸動那些鐵石心腸的醫師們。我真是不明白，他們為什麼不能相信我這樣一個誠實女孩的話……」蘇珊顯得很委屈。

聽完她的描述後，我對她說：「蘇珊，我認為你不是缺少如何把產品推銷出去的技巧，只是你還沒有明白，讓別人接受你的前提，是要讓別人覺得他們接受的是自己，而不是你，也就是說，你得讓那些醫生認為購買這些產品是他們自己的主意而不是你的。」

聰明的蘇珊很快理解了我的意思，她向我道謝之後，馬上給佛羅里達州一家大醫院的羅傑醫生寫了一封信，她決定試試我教她的辦法。據可靠的消息，這家醫院這段時間正好需要添置幾台X光設備，這可是一筆大生意，很多廠商得知消息後，都派出推銷員到羅傑醫生那裡推銷自己的產品。蘇珊原本也打算去的，可是在聽了我的建議之後，她打算換用寫信的方式和其他廠商競爭。信的內容是這樣的：

親愛的羅傑醫生：

您好，首先感謝您撥出您寶貴的時候閱讀我的信件。給您寫這封信的原因是，我們公司最近新完成了一套X光設備，前不久才剛剛運到我們銷售部門。您別誤會，我不是想讓您購買我們的產品，而是我覺得我們這套設備有很多地方需要改進，我知道您是這方面的專家，所以我非常誠懇地希望您能夠給予我們幫助。雖然我知道您真的很忙，但我還是冒昧寫了這封信，因為我覺得您的意見一定會讓我們的機器更完備。如果您能抽出一點寶貴的時間來給我們指導的話，我們將萬分感謝。如果您願意，請您告知我們，為了節省您寶貴的時間，我們會派專車去接您。

羅傑醫生在收到信的第二天就親自去見了蘇珊，並且說他願意購買她們公司生產的產品。當然有人問羅傑這樣做的原因，羅傑是這樣回答的：「蘇珊的信真的讓我非常吃驚，這幾天確實有很多推銷員找我，可他們都是不停地在告訴我他們的產品有多麼好，多麼完備，可是卻從來沒有推銷人員詢問過我的意見，這讓我感到很厭煩！可是那位叫蘇珊的女孩的來信讓我感覺到了自己的重要，所以雖然我很忙，我還是願意去做能顯示我個人價值的事。其實，也可以這樣說，並不是蘇珊向我推銷那套設備，而是我自己建議醫院買下的。」

我真為蘇珊的成功感到高興，我相信她以後一定會越做越好。在我們的日常生活中，女士們在和別人交流的時候，總是喜歡以自己的思維方式去替別人設想，總是把自己的意見強加給別人。其實女士們換個角度思考就可以明白，如果別人那樣對你，你也會覺得不能接受，因為這樣的做法是對別人自尊心和自重感的一種傷害。想要用這樣的方法來獲得別人的贊同，幾乎是不可能成功的。

我們都希望得到別人的尊重，我們都希望別人認為自己很重要，我們都渴望能夠按照自己的想法做事，我們更喜歡接受別人對我們的意見、需求和願望的徵詢，所以我們都不願意接受推銷或是被別人強迫做某一件事。

那是不是我們真的就一點辦法也沒有了呢？其實也不盡然，只是你需要懂得一些與人接觸交往的技巧，當你成功運用這些技巧以後，讓別人完全接受你也就不是那麼困難的事了。

汽車展覽中心的業務經理安吉麗娜發現，最近一段時間大家對工作的積極性不是很高，甚至有些消極情緒，做事開始不認真了，態度也很散漫。為了改變大家這種懶散的工作態度，鼓舞大家的鬥志，安吉麗娜決定召開一次全體會議。

會議上，安吉麗娜並沒有對大家不良的態度給予批評，也沒有向大家提出自己的要求，而是鼓勵大家說出對公司的要求。為此，她找來了一塊大黑板，她對大家說：「今天開這個會的目的，就是希望大家說出你們對公司的願望和需求，我們一定會儘量滿足大家的要求。」大家都活躍起來了，你一言我一語地提出了自己對公司和安吉麗娜的看法，即使有的建議簡直就是無理取鬧，但是安吉麗娜並沒有生氣，她心平氣和地對大家說：「大家的意見我都記下來了，我很感謝你們對我工作的配合和理解。作為你們的經理，我對你們也有要求，但是我不想自己說出來，而是希望你們自己說出來對自己的要求。」大家又一次開始討論起來，很多人都說出了對自己的要求，有的說要讓自己擁有進取的態度，有的說要有樂觀的精神，有的說團隊合作很重要，也有的說要忠誠，還有的說要八小時全力以赴地工作，甚至有人提出自願每天工作十四個小時。

「你知道後來怎麼樣了嗎？」安吉麗娜顯得有些自豪地對我說，「從第二天開始，員工們都顯得精神百倍，大家又開始努力工作了，我們的銷售業績也是蒸蒸日上。戴爾，其實我知道他們會這樣的，因為我和他們做了一場道德交易，我實現了自己的諾言，他們也就同意會實現自己的諾言。我想，如果我不徵詢他們的想法，他們肯定不會願意接受我的意見。」

我很贊同安吉麗娜的觀點，因為我也有過這樣的經歷。

加拿大的新布朗斯威克省是個划船、釣魚的好地方，我和妻子計畫去參觀、遊玩放鬆一下。做好了一切準備以後，我給當地的旅遊局寫了一封信，想得到一些關於那邊的資料。因為所有的營地和景點都有專門的行銷人員，當我的名字被列上宣傳名單，所以大量的明信片、信件以及各種各樣的宣傳印刷品塞滿了我家的郵箱。這些東西簡直搞得我眼花繚亂，我根本不知道該選擇哪個才好。

就在這個時候，我無意間發現了一封信。這是一名聰明的營地主人，他的信上沒有鋪天蓋地地宣傳他們那裡有多麼好，而是寫了很多人的聯繫方法，信上說，這些人都曾去過他們的營地，並且因為感到滿意所以願意留下聯繫方式，我可以和這些人中的任何一個取得聯繫，然後向他們詢問是否對營地的各項服務滿意。恰好，我在這些聯繫名單裡發現我一個朋友的名字，我當時很高興，在給朋友打電話得到他的肯定以後，我毫不猶豫地選擇了這家營地。我很高興，因為不是營地的主人讓我選擇這個營地，而是我自己選擇的。

女士們，我想我已經很清楚地表達出我的意思了。你想要和別人融洽相處，首先你就得學會尊重別人，你的尊重會讓他得到自重感和自尊感的滿足，這樣的滿足感同時也讓對方很容易接受你的意見。記住，要讓他認為是自己選擇了你，而不是你讓他選擇了你。

無事生非，對人對己都是一種傷害

我一直喜歡晚飯後去散散步，這讓我覺得不僅對身體很有好處，而且能讓我感到身心愉快。一天晚上，我和往常一樣來到我家附近的公園散步，走了一會兒，有些累了，於是就找了一把椅子坐了下來。

休息一會兒以後，我看時間差不多了，準備起身回家。我剛站起來，就聽見後面有人喊道：「小姐，我想你知道自己在做什麼，也知道這樣做的後果是什麼，我勸你現在最好不要動了。」我回頭一看，發現站在我後面的是一位漂亮的小姐和一個警察。

小姐手裡拿著我的錢包，警察先生看見滿臉疑惑的我說：「先生，這位女士在您不注意時拿了您的錢包，現在您有權起訴她，我可以做您的證人。」還沒等我開口，女士就急忙辯解道：「警察先生，我發誓，我真的沒有想要偷這位先生的錢包。其實，我正打算把錢包還給他。」接著她又看著我：「先生，請您相信我，我真的沒有想要偷您的錢包。」

警察先生很諷刺地看著她說：「女士，你認為我可能相信你的話嗎？我難道還不相信自己的眼睛嗎？既然你想把錢包還給這位先生，那你為什麼還要去偷呢？」女士急得眼淚都快出來了：「先生，請您相信我，我真的不缺錢，我丈夫是個有錢的商人，我不需要工作，也不必做家事，所以每天都很無聊。我不知道自己是怎麼了，居然會想到借偷別人錢包這件事來尋找刺激打發時間，我從來沒有把偷到的錢拿走，每次成功以後，我都會把錢包還給別人。」我打量了一下這位女士的穿著，根據她的表情，我想我應該相信她。這的確是一位因為無聊而無事生非的女士，我對員警說：「先生，謝謝您的幫助，不過我不打算起訴這位女士，因為我能理解她。」警察先生也點點頭，可能他和我想的也差不多，因此他也沒有把那位女士抓到警察局。

女士們，你們心裡肯定會想：卡內基沒有說謊吧？要不那個女的就是一個神經病？女士們，請你們相信我，雖然這件事看起來確實有些不可思議，但我的確沒有進行任何加工，而且我也能肯定那位女士不是神經病，她就是一個閒得無聊至極到處惹事生非的富太太。其實，女士們你們仔細想想，雖然你沒有去做偷別人錢包這樣的蠢事，但你一定也有在自己閒下來沒事做的時候想找點事做的衝動。當然，我指的是想找一種蠢事去做的衝動。

紐約大學心理學教授約翰．凱奇在一次演講中這樣說過：「相對於其他動物而言，人是一種對精神需求最多的動物，也是最容易感到無聊的動物。人的潛意識裡，有排解無聊的需求，在這種需求的指使下，當人們感到無所事事的時候，總是想通過做一些違背常理的事情來尋求刺激，家庭主婦往往是最容易犯這種錯誤的人。我並沒有任何歧視家庭主婦的意思，事實上道理很簡單，家庭主婦們的生活是最單調、枯燥的，所以她們很容易被無聊困擾，這時候，她們就需要刺激，需要找一些事情讓自己感興趣。所以我們經常看見一群或是幾個家庭婦女聚在一起聊天，她們聊天的內容很廣泛，涉及的領域更是你想像不到的廣泛。但是，經過調查，她們這些『廣泛』的內容，更多的都是集中在別人身上，也就是說，她們很多時候都在無事生非。」

我想約翰博士的話一定招來了很多主婦們憤怒的譴責，女士們已經在大聲叫喊說：「你憑什麼這樣信口雌黃？為什麼一說到這種事情總要扯到我們女人身上？女人在你們心裡難道就全是長舌婦？難道你們男人就不會聚在一起議論別人？」

女士們，請你們冷靜下來，約翰博士已經申明過了，他沒有一絲歧視你們的意思。你們冷靜下來好好想想，約翰博士說的是不是一點道理也沒有？其實我想，答案你們已經很清楚了。我們先不說這個，我相信女士們都會同意我下面這個說法，那就是不管怎樣，無事生非終歸不是一件好事。

薩哈女士是我的鄰居，一天晚上她哭著來到我家，對我和太太說：「卡內基先生、陶樂絲，我真的不知道自己這樣做會得到這樣的結果。雖然我也明白，散佈謠言是一件不道德的事，可我並不想傷害任何人。其實，我只是想找一些聊天的話題。」

原來，這位可憐的女士是一位典型的家庭主婦，每天做完家事後，因為自己實在沒什麼特別的興趣，剩下的時間主要就用來和鄰居聊天。薩哈女士最喜歡也最擅長的就是散佈小道消息，前幾天，她給隔壁的羅斯太太說：「嗨，你知道嗎？隔壁的史密斯先生失業了。你別看他每天早上依然穿著筆挺的西裝，拿著公事包走出家門。可誰都知道，他根本不是去上班，而是去找工作。這個傢伙真是太愛面子了，他肯定是怕我們這些鄰居笑話他。」那天，她又告訴臨街的卡夏太太一個消息：「我本來不想跟你說，但我覺得你有必要知道這件事，那天我看見你先生和一個女人走進了一家賓館。現在的男人，沒有一個靠得住的，要是我，就馬上和他離婚。」不多久，這兩個消息就傳遍了整個社區，大家都知道史密斯先生失業了，而且幾乎天天都能聽見卡夏太太和她丈夫終日大吵大鬧。不過，這些事情很快就被人們淡忘了。不久之後，史密斯先生就找到了新的工作，而卡夏太太也原諒了自己的丈夫，可是薩哈女士從此再也沒有一個朋友，大家甚至都不再願意和她說話了。

她在成為眾矢之的以後，就成了我家的常客，因為只有我太太依然願意和她交往，所以也就發生了剛才那一幕。我太太握著她的手，對她說：「薩哈太太，說真的，我很理解你現在的感受，但是你確實也傷害到了別人，你為什麼要無事生非呢？不管是不是出於你的本意，你的行為已經讓別人討厭你了。你為什麼不把你的時間和精力放在一些有意義的事情上呢？誰也不願意和一位喜歡無事生非的人做朋友，我相信你也是一樣。不過，事情也不是不能挽回，這需要你的努力，你得讓大家恢復對你的信任。」

薩哈女士點點頭，回家去了。第二天一大早，她就親自登門向史密斯先生和卡夏太太道歉，並且保證，以後再也不會這樣了，她誠懇地請求能夠得到他們的原諒。自那以後，她真的沒有再無事生非過。她給自己找了很多事做，將生活安排得滿滿當當的，當她實在覺得無聊的時候，就約幾位鄰居一起去逛街，大家也慢慢地重新接受了她。

哈佛大學醫學院教授理查曾經說過：「當我們閒下來的時候，我們就會變得非常發愁，因為我們在想該如何打發那些無聊的時間。於是，那些『胡思亂想』的思緒佔領了我們的精神，掏空了我們的思想，使我們的行為和意志力失去了控制。」

很顯然，這位教授所說的行為就是我們說的無事生非。無事生非的結果不外乎是給自己帶來一些不必要的麻煩，或者成為一個不受歡迎的人。雖然初衷都不是邪惡的，只是想借此排解無聊，但這樣的行為總會在無意中讓很多人受到傷害，當然也包括自己。

所以女士們，這種損人不利己的事情，還是不做為好。

女人「糊塗」最可貴

我所說的「糊塗」，並不是你們所理解一般意義上的糊塗，這是一種將聰明發揮到極致的「糊塗」。它並不是指那種無思想、無意識、無主見的糊塗，而是一種以寬容、淡定的眼光去看待人與事的豁達心態。世上所有的人好像都希望自己能成為智者，但是女士們，仔細想想，如果你對所有的事情都那麼較真的話，自己一定會陷入無邊的痛苦之中。很多事情越清楚就會越煩惱，就像很多被疾病纏身的人，真正被病魔奪去生命的並不多，更多的是因為自己「太明白」而活活被病魔嚇死的。

這讓我想起小時候的一些事情來。那時我和鄰居家的幾個小孩都很喜歡到達克先生家去玩，因為他們家有個慈藹且很會講故事的老奶奶，我對其中一個「可笑的主婦」的故事記憶猶新。

故事說的是一位住在農場的家庭主婦，她總是自作聰明，而且很喜歡和別人抬槓。一天，她在做飯的時候，鄰居跑來告訴她說街上來了一個會算命的吉卜賽女郎，而且算得很準，讓她一起去看看。主婦是個無神論者，當然不相信算命的說法，她想那個吉卜賽女郎一定是個騙子，正好自己沒事，於是主婦暗下決心要好好懲治一下那個騙子。

當主婦和鄰居趕到時，吉卜賽女郎面前已經圍了好幾圈的人。於是主婦二話不說擠到女郎跟前說：「嗨，你要真的能算命，那就算算我叫什麼，來之前我在做什麼？要是算不對你就別在這兒騙人了。」吉卜賽女郎回答道：「你叫琳達，你剛才在做飯。」主婦挺吃驚，她沒想到這個吉卜賽女郎的回答居然會是正確的。不過，她還是不相信吉卜賽女郎會算命，她想一定是有人先告訴她了。於是，主婦跑回家變了一個造型，化了妝，又要求吉卜賽女郎給她算命，結果答案還是正確的。不甘心的主婦就這樣來回換了幾次造型，但都沒能騙過吉卜賽女郎。最後，吉卜賽女郎忍不住了說：「琳達，你再不回家，你的菜就要燒焦了。」

記得當時我和小夥伴們聽完以後笑得前仰後合，我們都在嘲笑那個耍小聰明的主婦。不過那時候，我們從故事裡僅僅得到的道理就是：神奇的吉卜賽女郎遇見一個愚蠢的主婦。

然而，當我再重溫這個故事的時候，我卻發現了故事裡蘊含著更多更深刻的道理。其實，那位主婦的原型就是現實生活中的很多人，他們喜歡耍小聰明，也許他們知道的真相是對的，可他們就是要去鑽牛角尖，要去雞蛋裡挑骨頭，結果當然也和那位主婦一樣，讓自己用心燒的「菜」變焦了不算，還讓自己被別人嘲笑。

有很多女人，而且是很聰明的女人，總是不能很幸福，其實這很大程度上就是因為她們太過「聰明」了。這些女人擁有著高智商、高學位，並有很深的社會閱歷，所以不管任何事情都瞞不過她們的眼睛。於是，她們容忍不了別人的欺騙、忍受不了別人想占她們便宜的想法，而且絕對不會原諒那些試圖在她們面前瞞天過海的人。遇到這樣的人，她們的做法就是毫不留情地當面拆穿對方的「詭計」，或是挖空心思去報復。最後的結果是弄得自己身心俱疲，別人也不願或者應該說是不敢再和她們接觸。

《如何讓你成為受歡迎的人》是人際關係學大師海拉爾．喬森頓的著作，書中寫道：「人與人相處的過程中，最大的忌諱就是太過較真。我想說，撒謊是人類的天性之一，有時候說謊是必要的。但人類在內心深處都有一種自我防禦的心理，不論是誰，當察覺到別人在欺騙他時，他的自尊心馬上會做出反應。他會認為，對方的做法無疑是在愚弄他，是對他的一種侮辱。然後，這樣的意識就會讓他想出各種辦法開始進行反擊。其實，有的謊言是真的被逼無奈或是真的事出有因，甚至有一些謊言還是善意的謊言，說它有多麼可怕，其實也只不過是當事人將它看得太嚴重罷了，搞得自己和別人都不愉快，實在是沒必要。人生難得幾次糊塗，如果我們可以放任一些小謊言的話，那麼每個人一定都能過得輕鬆許多。」

是的，我們不妨糊塗一些。對工作糊塗些，沒必要太去計較那些工作中遇到的問題。上司對你發脾氣，算了，他不是故意找你麻煩，只是最近他心情不好而已。你每天辛苦工作八個小時，你給公司創造了不少獲利，可是拿到的僅僅是一點微薄的薪水，這樣的想法除了讓你心裡難受，不會讓事情發生任何改變。同事們整天聚在一起說你的壞話，你只要知道他們是在嫉妒你就行了。

對待朋友糊塗些。也許你的朋友為了某些利益傷害了你，別因此怨恨他，因為換做你的話，你也會這麼做的。如果你的朋友在你背後說你的壞話讓你知道了，遠離他即可，不必非要找他問個明白，說不定真的是你有問題呢，而且在背後談論他人是人類的通病。當你知道你的朋友明明有錢卻不願借給身處困境的你時，別埋怨他，也許這些錢他還有更大的用處。

對待家人糊塗些。丈夫對你撒謊說加班，其實他是偷偷跑出去和朋友喝酒，別責怪他，他是男人，他需要偶爾放縱一下。丈夫拿著一枚廉價的戒指對你說這是正宗的鑽石戒指，別拆穿他，這樣的心意無需分貴賤。孩子把弄髒的床單藏在衣櫃裡了，別訓斥他，你難道忘了小時候你也犯過同樣的錯誤？

女士們，裝「糊塗」可是人生的一門大學問。一位哲人曾經說過：「聰明的最低境界和最高境界一樣，都是糊塗。」沒有一位女士願做最低境界的糊塗蟲，所以女士們看書、讀報、仔細觀察，都想讓自己成為聰明人。這樣的確很好，可是，女士們往往到了這步以後就停止了，她們不知道還有最高的一層境界，那就是再從聰明變回糊塗。

女士們大都認為但凡糊塗者都是可悲、可笑的，甚至是愚蠢的，只是女士們沒有想到，其實恰恰是這種糊塗有時候可以幫助你排解生活中的很多煩惱。我說的「糊塗」當然不是讓你不明事理，也不是讓你不去看清現實，而是讓你懂得要讓自己免受世事困擾。有哲人曾說：「上帝想要折磨誰，就會賜予他完美的思想。」世界本來就很模糊，何必看得那麼清楚，那些太有思想的人，痛苦總與他們相伴，反而那些頭腦簡單的人每天都可以過得很快樂。

有些女士真的是太過「聰明」了，她們看清了世上的一切，然後，她們開始認為這是一個冷漠的世界，一個人與人之間沒有感情的世界，所以她們選擇單身，即使她們覺得孤獨，覺得冷清，覺得這個世界沒有一絲溫暖可言，最後呢，她們幾乎失去了所有的朋友、親人，甚至失去了自己的生活。要知道，沒人願意和一個太「聰明」的人相處，人都希望有自己的小秘密，都希望保留尊嚴。可是，太過「聰明」的女士卻讓人變得沒有秘密，甚至失去尊嚴。

女士們，聽聽我的勸告吧，就算你真的很聰明，也讓自己對人對事糊塗一些吧，這樣，對你、對別人都是一件好事。

當然，最後我必須提醒你們，如果你還沒有從真正最低境界的糊塗上升到聰明的程度，那麼你就沒有必要去追求最高境界的糊塗了，因為最高境界的糊塗是以聰明為基礎的，它是一種大智慧的體現。而女士們如果沒有達到聰明的境界就去追求更高境界，只會遭到別人更惡意的嘲笑。

讓別人說出自己最得意的事

一名充滿魅力的女士知道應該讓別人多說話，尤其要給別人說出自己得意的事情的機會。這種看起來有些「軟弱」的做法，其實充滿了智慧，往往可以為你帶來意想不到的收穫。

全美最大的汽車公司準備購買全年所需的汽車坐墊，這也是這家公司每年年初都要進行的大型採購項目。為了獲得這份大訂單，很多廠商都紛紛寄出了自己的樣品。經過層層篩選之後，有三家廠商進入了最後的競標，湯潘女士所屬的廠商就是其中之一。

湯潘女士是廠商的銷售代表，談判的重任自然落在她的頭上。說實話，由於另外兩家的實力也都非常強，因此湯潘女士對這次談判並沒有多少信心，因為他們成功的機率只有三分之一而已。更讓人遺憾的是，就在競標開始的那天，湯潘女士的咽喉炎居然復發了，而且嚴重到不能說話。湯潘女士顯然已經灰心了，她認為這次投標肯定會失敗，但她還是不得不去參加。於是，她和那家公司的採購經理、品管員以及總經理見了面。

見到總經理以後，因為不能說話，但又不能沒有禮貌，所以湯潘只好在紙上寫道：「各位，你們好！實在抱歉，我今天嗓子啞了，根本不能說話。」總經理對這位有禮貌的女士印象不錯，於是對她說：「你今天不能說話，那你怎麼介紹你們的產品呢？你看這樣行不行，我在這一行幹得時間也不短了，對於你們公司我也有所瞭解，你們的產品我也仔細分析研究過，如果你不介意，我就幫忙介紹你們的產品吧？」湯潘女士想想也沒有其他更好的辦法了，所以點頭答應了這項建議。

當時的場景真的很讓人驚訝，這家公司的總經理儼然成了湯潘女士的代言人。他完全站在湯潘的立場，分析了湯潘女士公司產品的優點，並和其他公司的產品進行了比較。這位總經理運用自己出色的專業知識和明瞭的邏輯思維，把湯潘女士公司的產品解說得很到位。自始至終，湯潘女士都沒有說一句話，只是微笑著點頭稱是。最後的結果更是出乎所有人的意料，在經過一陣激烈的討論後，拿到價值一百六十萬美元訂單的居然是一句話也沒說的湯潘女士。

湯潘女士對我說這件事的時候，深有感觸地說：「現在我終於明白，給別人說話的機會是一件多麼重要的事。」「戴爾，你知道嗎？我感覺上帝在幫我，要是那天我的嗓子沒啞的話，我肯定拿不到那份訂單。我現在都還記得那位總經理在介紹我們公司的產品時得意滿足的表情，他神采飛揚，滔滔不絕，完全把介紹我們的產品當成了他自己的事。我想，肯定是因為他認為對於鑒別汽車坐墊品質的好壞來說他就是專家，所以他才會那麼自信。從那以後，每當我和客戶交談時，總是儘量讓他們說話，而且最好是讓他們說自己得意的事情，因為我知道這樣能幫我得到最大的利益。」

除了湯潘女士，另一家電器公司的業務經理卡洛琳女士也深知這種做法的重要性。

卡洛琳女士被派到賓夕法尼亞州的一處農業區進行考察，當她和陪同的銷售代表路過一家乾淨的農舍時，她問身旁的銷售代表：「先生，你知道為什麼這裡的人都不用電器嗎？」「這些鄉下人可全都是些鐵公雞、守財奴，他們大多是荷蘭的移民，他們對我們這樣的公司很反感，根本不可能購買我們的任何東西。」顯然銷售代表已經碰過不少釘子了。

卡洛琳女士想了想，還是決定要親自試一試，於是她走進農舍，很有禮貌地敲了敲門，過了一會兒，門開了，一個婦人的頭從門縫裡探了出來。當她看見卡洛琳他們時，沒等他們開口，她又重重地關上了門。卡洛琳又一次敲響了門，說道：「請別誤會，夫人，我並不是來這裡推銷什麼東西的，而是想跟您買些雞蛋。」門又打開了，婦人眼中依然充滿了懷疑。

卡洛琳笑著對婦人說：「您的那群雞是多敏尼科雞吧？」

「你怎麼知道？」婦人有些好奇地問。

「我家也有養雞，但沒您家的好，我從來沒見過比您的這群更棒的多敏尼科雞。」

「別以為你說幾句好聽的話我就會買你們的東西，你們家自己也養雞，那你又何必到我這裡來買？」

「很簡單啊，夫人，我們家養的是萊格何雞，牠們只能生白色的蛋，而你家這種多敏尼科雞卻能生出褐色的蛋來，我想您一定知道褐色雞蛋做出來的蛋糕遠比白雞蛋做出來的好吃多了。」

「女孩，你可真識貨，我也是這樣認為的，你進來吧，我讓你參觀參觀我的雞舍。」婦人此時已經完全沒有了戒心。

卡洛琳已經成功地走出第一步了，進到婦人家以後，卡洛琳仔細觀察，然後說：「夫人，您的丈夫在養牛吧？您家的牛棚可真漂亮，我想您的丈夫一定是個聰明能幹的男人，不過我敢保證，他養牛賺的錢一定不如您養雞賺得多。」

「你可真是我見過的最聰明的女孩！」婦人已經興奮起來了，「真該讓我那自負的丈夫聽聽這些話，省得他一天到晚總是不承認。」

接著，婦人又邀請卡洛琳參觀了她的雞舍，而且表示希望從她那裡得到一些好的建議。最後的結果，我想女士們都已經猜到了。卡洛琳確實給她提供了很多好的建議，一個星期後，卡洛琳視察的這個區都買了她們公司生產的電器。

在回總公司之前，卡洛琳對陪同她的那個銷售代表說：「之所以我會成功，是因為我沒有像專家一樣馬上就建議她買什麼電器，而是先讓她說說自己最得意的事，我們可以看得出來，她對自己養雞這件事感到很驕傲。誇獎有時會讓人迷失的，我在取得她的信任之後，就可以用朋友的身份建議她買電器了。朋友是不會欺騙她的，所以她心甘情願買了我們的東西，還幫我們到處免費宣傳。」

女士們，這真是我見過的最有魅力、最成功，也是最有效的推銷方法，而且我認為你們完全可以把它運用到日常生活中。

當別人勝過我們時，我們就會產生一種自卑感，隨之而來的是嫉妒和猜忌。當我們覺得勝過別人時，就會產生一種自尊感和自重感，這點也是我一再強調的。有了這種自尊感和自重感，我們必然願意向對方敞開心扉，願意和別人交朋友。你不需要知道這是為什麼，你只需要這樣做就行了。

女士們，當你去一家公司面試時，想要得到老闆的青睞，最簡單有效的辦法就是讓他講一講他的創業史，因為那是他認為最得意的事情。

美國一家大公司刊登了一則招聘廣告，想要找一位有才能且經驗豐富的人來做公司的中階主管。應聘的人很多，可就是沒有一個被老闆看中，最後獲選的居然是一名年輕、沒什麼工作經驗的已婚女士，這讓大家都感到驚訝、不解，但當知道面試的經過以後，大家都豁然開朗了。

女士走進老闆的辦公室後，老闆顯然已經知道她的背景，有些輕視的向這位女士問道：「能告訴我，你有什麼能力嗎？」

女士很平靜地說：「先生，我知道自己的經驗和能力都有待提升，我這麼說也不是想要吹捧您，事實上，我一直都很敬佩您，我知道您是一位白手起家的企業家。您剛開始什麼也沒有，僅僅是憑著幾百美元、一份詳細周密的計畫，還有自己不懈的努力走到了今天，我覺得您特別偉大，我也一直把您當作我的偶像。不管有沒有機會，我都很想向您學習。」

老闆的眼睛頓時亮了起來，有些難掩的高興：「那已經是很久以前的事了。」「不，先生，對您來說可能是很久以前的往事，但是對我們這些後輩來說卻非常有意義。我不奢望能獲得這份工作，但我想從您這裡學到更為寶貴的經驗。」女士很真誠地說道。

整整三個小時的面試，老闆把他自己如何從一個窮小子變成百萬富翁的經歷全都講述給了這位女士。最後，老闆微笑著對這位女士說：「今天是我這些年來最開心的一天，那些應聘者從來沒讓我有過這樣的感覺，他們總是在那裡誇誇其談，說他們如何有能力，事實上，他們的那些成績在我眼裡簡直一文不值。女士，歡迎你加入我們的公司，我們公司需要你這種謙虛上進的青年。」

女士們，看到這種技巧的魔力了吧？也許你會問，我們哪有那麼多時間和那些成功人士打交道，我們每天面對的只不過是一些普通人罷了，那些人根本沒什麼輝煌的過去，我們該如何讓他們說出得意的事呢。女士們，我又要糾正你們的錯誤思想了，其實，每個人都有他最得意的事情，關鍵看你能不能發現。

對待一個漂亮的女士，你就該問問她漂亮的口紅在哪裡買的；對待一個事業心很強的男士，你就該問問他對他的專業有怎樣的認識；對待一對年輕的夫婦，最讓他們得意的事莫過於和他們談談他們聰明可愛的孩子。

女士們，謙虛一點吧，給別人機會讓他們說說自己得意的事情，這是你交朋友最簡單快捷的方法。記住一句話：「獲得敵人最好的辦法就是勝過你的朋友，獲得朋友最好的辦法就是讓你的敵人勝過你。」女士們，請相信我，只要你這樣去做，你一定會成為最受歡迎的人。

第5章

做辦公室裡不可或缺的職場麗人

女人步入職場，才顯得更自信，同時也具備了自立的資本；職場中出現了女人，才顯得更多姿，同時也增添一份和諧。如何使自己在暗濤洶湧的辦公室中生存下來，並能夠不斷壯大，成為職場中靚麗而重要的風景？別著急，閱讀了本章，你就能在職場中變得不可或缺！

工作可以讓女人充滿魅力

經調查顯示，除了那些收入實在太少的男士以外，男士們幾乎都希望自己的妻子在結婚以後能辭去工作全心地做一名家庭主婦。調查還顯示，幾乎所有男士都不願意娶一個在婚前沒有工作的女人。這是心理學專家斯卡爾·魯納德在對二千名男士做調查後得出的結果。

對於這種看似矛盾的奇怪現象，二千名男士給出的解釋是：一個不工作的女人說明她有很強的依賴性，也就是說她們不能獨立自主，對於男人來說，這會讓他們覺得沒有一點兒吸引力。找一個不能獨立自主的妻子，對任何一個男人來說都是一件很可怕的事。

包括我也有這樣的想法，坦白說，陶樂絲婚前在工作上的出色表現就是吸引我的一個很重要原因。我們在結婚前就商量好了，結婚後她辭去工作好好顧家就好。在婚前的那段短暫時光，陶樂絲每天依然都很努力地工作，我問她為什麼要那樣做，她說：「我要在最後的時間好好享受工作的樂趣，畢竟做一個獨立自主的女人是一件讓人感到自豪的事情。」

確實是這樣，一個能夠獨立自主的女人可以得到很多人的認同，不僅包括異性，也包括同性。著名的人際關係學家康納德．斯塔克一篇在雜誌上發表的文章說：「一個獨立自主的女人身上所顯露出的那種堅強、勇敢、自信等氣質，要遠比那些依賴性過強的女性身上的漂亮衣服和首飾更吸引人。當今的美國女性，最有魅力的就是那些能夠或是渴望獨立自主的女人，而一個女人的獨立自主主要就是體現在工作上。」

很多人，甚至包括一些女性，都有這樣錯誤的觀點，他們認為女性是社會中的弱勢群體，根本經不起大風大浪的衝擊，這個世界永遠都是屬於男人的，而女人的責任就是好好打扮自己，在家修身養性，相夫教子。美國湯姆斯投資公司財政顧問艾魯斯夫人非常反對這種觀點，她曾公開發表自己的觀點：「我認為任何一個女人都應該去工作，不管她是什麼學歷，什麼家庭背景。一個妄圖將終身幸福都押在男人身上的女人是不會得到幸福的。女人不應把命運交給別人，我一直堅信，只有靠自己努力工作養活自己的女人才是最風光的，一個女人想要掌握自己的命運，需要獨立自主地去工作。」

艾魯斯女士的想法是否「偏激」了?是否會遭到別人的厭惡?下面是兩位男士對艾魯斯女士的評價。

其中一位男士這樣說:「艾魯斯女士是我見過最有魅力、最勇敢、最堅強的女人,她的身上有很多男人沒有的東西,她從沒想過放棄,更沒想過將自己的命運交給男人掌握,我對她十分崇敬。」另一位男士和艾魯斯女士只有過一面之緣,他這樣說:「艾魯斯女士身上有一股讓人無法抗拒的迷人魅力,通過她的表情我可以看出,她對自己的工作充滿了熱情和興趣,同時,她的精明能幹也讓所有人為之折服。」

前不久,一位女學員找到我,希望能從我這裡得到一些建議。我問她遇到了什麼煩惱,那位女士說,她現在的處境讓她不知該如何是好。原來,結婚前她是一家商店的出納員,結婚後為了能好好照顧丈夫,她毅然辭去工作。本來日子也算過得幸福,可這段時間家裡卻出現了一些狀況,使得經濟變得有些緊迫,所以她很想再次出去工作,可是又怕丈夫不同意,而且也擔心自己做不好。我問她有沒有和丈夫說過這個想法,她說沒有。於是,我鼓勵她去試試,我告訴她,什麼事情只有嘗試後才能知道自己到底行不行。

她回家後聽從了我的建議，鼓起勇氣對丈夫說出了自己的想法。原本以為丈夫一定會不同意，還會責怪自己不顧家，可是沒想到，丈夫居然有些激動地說：「親愛的，你真的這樣想嗎？太好了，我其實也是這樣想的，只是一直沒敢對你說。」女士有些疑惑地問丈夫為什麼，丈夫這樣回答：「我們剛結婚時就說好了，你主內，我主外。可是日子久了，我發現自己很累，壓力特別大，尤其是最近一段時間，我覺得自己有點力不從心了。這個家庭是我們兩個人組建起來的，所以我們都有義務為它貢獻自己的力量。我一直都希望你能幫我分擔一些，但又覺得好像不該對你有這樣的要求，所以一直沒有說。其實說真的，親愛的，這幾年主婦的生活讓你變得有些頹廢了，工作時的你更迷人。我經常懷念你工作時的樣子，那個出色的職業女性讓我更懷念。」

我想女士們都注意到了「頹廢」這個詞，特別是那些做了很長時間家庭主婦的女士們，應該對這個詞語很敏感，因為她們對這個詞語肯定深有體會。在培訓班中，有一個連續做了十年家庭主婦的女士對我說：「卡內基先生，您根本無法想像我現在的生活，每天除了起床、準備早點、打掃房間、去市場購物、準備午飯、洗衣服、準備晚飯、收拾房間，然後就是睡覺。我覺得自己已經完全和外界隔離了，現在除了每天要給丈夫做什麼吃的以外，我什麼都不知道，我以前不是這樣的，我以前也很時尚、很新潮，可是現在你看看我，頹廢得毫無魅力不說，我已經覺得自己是一個沒有思想的機器了。」

這位女士會變成這樣，雖不能說和她自己一點關係都沒有，但確實也不能否認終日在家「工作」對她的影響。而且對於這樣的女士，往往由於生活過於單調，很多人還會患上一些很可怕的「疾病」。

有一個作家曾開了一個家庭主婦們的玩笑，他說：「知道一個做了五年家庭主婦的女士和一個做了十年及二十年家庭主婦的女士的區別在哪裡嗎？她們的區別就是做了五年的那個會變得嘮叨，做了十年的那個會變得很嘮叨，而連續做了二十年的那個會變得非常嘮叨。當然，這種情況很少發生在職業女性身上。」

我相信女士們已經明白了工作對你們的重要性了，但你們還需要明白，如果你僅僅是為了工作而去工作，這依舊是沒有意義的，工作的確可以讓你充滿魅力，可是一份連你自己都不知道在做什麼的工作是不會讓你和魅力扯上關係的。

埃德娃．克勒夫人是美國家庭產品公司的公共關係副總經理，她曾說：「我認為，一個人只把眼睛盯在薪水上是不能將自己融入工作中的，既然無法融入工作之中，那麼就不會體會到工作的樂趣。世界上最大的悲劇就是一個人不清楚他喜歡什麼、能夠做什麼，當你自己都體會不到工作的樂趣，那別人也只能在你身上看見痛苦。」

的確，女士們，如果每當說起工作，你都會皺緊眉頭、唉聲歎氣、嘮叨抱怨，這實在談不上什麼魅力。雖然我強調工作的女人最有魅力，但這不代表我說「只要有工作的女人就有魅力」。當你對工作沒有熱情，你在工作時就會產生一種惰性和應付心理，人們看見的也就只是一個正在忍受工作煎熬的你。如果是這樣，那我認為你還是放棄，因為畢竟做一名合格的家庭主婦也是非常重要的。

我一直強調一個好妻子要甘願放棄自己的樂趣而給男人提供幫助，所以，我沒有貶低家庭主婦的意思。只是如果你能在丈夫同意的情況下，而你恰恰也覺得工作能使你更快樂，我想你不應該放棄這個讓你繼續展示自己魅力以及能力的機會。

女人也要訂定工作目標

很多職業女性每天都會對自己說：「我要成功，我要成功，我一定要成功……」這是她們對成功的渴望，更是想要成功必不可少的激情。這樣的想法和態度當然是好的，但我還是要遺憾地告訴你們，我敢保證，這樣的女士很少會取得成功。為什麼？因為她們根本不知道成功的目標是什麼。

就像生命離不開陽光和空氣一樣，成功的理想和你定下的適合自己的目標是不可分離的。想要在事業上取得成功的女士們，你們要明白，不管過去和現在如何，這都不是最重要的，對你來說，最重要的是將來，因為成功要的是將來，那樣的追求才是最重要、最有價值的。

洛克菲勒先生曾在接受我的採訪時給我做過這樣一個有趣的假設，他說：「卡內基先生，這個世界很神奇，有的東西真的好像是註定的。假如我們現在把全世界所有的財富都收起來，然後平均分給每一個人，讓所有的人都擁有同樣的存款和土地。你相信嗎？僅僅一個小時以後，所有人的財務狀況就會發生很大的變化。有那麼一小部分人又會成為有錢人，而且財富會越來越多，而大部分人還是會變成普通人甚至是負債者。而且，時間再長一點的話，這樣的差距會更大，也許三個月的時間，或許還用不到三個月，經濟學家口中所謂的貧富差距將大得驚人。」

我看著洛克菲勒先生滿臉的自信，不禁感到好奇，我問他為什麼這麼肯定，他回答我說：「也許你不相信，但我說的是真的。你想，大家在得到那些財富以後，有人會因為賭錢而輸個精光；有人會因為亂投資而血本無歸；有人則被他人欺騙而破產；還有的人會因滿足而坐吃山空。這就是原因。」

我覺得洛克菲勒先生的話有一定的道理，於是又繼續問道：「那麼時間再久一點，又將怎麼樣呢？」洛克菲勒先生想了想，然後很自信地說：「我敢保證，如果再過兩年時間，那麼整個世界的財富分配情況又會和分配前的狀況一模一樣了。有錢的依然是為數不多的那些人，沒錢的則還是大多數人。」

我對此產生了強烈的興趣，於是繼續追問：「那您認為之所以會導致這種現象的原因是什麼呢？」洛克菲勒笑著說：「說是命運也好，說是機會也行，說是所謂的自然法則也不是沒有道理，我認為最主要的原因還是目標不同而導致的結果。一個有目標的人，很清楚自己想要得到的是什麼，兩個點之間最短的距離就是直線，他們有目標並用行動努力去實現，這樣的人比較容易成功，所以他們所擁有的財富也會越來越多。」

我很贊成洛克菲勒先生的說法，一個想要成功的人，如果連他自己都不知道目標是什麼的話，他是不會成功的。想要成功，最重要的前提就是選擇適合自己的目標，然後果斷、堅定地做出抉擇，並且付諸行動。

當然，也許你們會認為我太過樂觀了，因為有了目標也不一定就會成功，有很多有目標的人一樣是沒有獲得成功。而且就算同樣是成功，有的人獲得大成功，有的人獲得小成功。對於這樣的現象，又該如何解釋？

的確，你們說得有道理，事實也確實如此，但這也不能否定目標的作用。我個人認為，之所以會出現這樣的落差，是因為個人的目標在大小上有著很大的差別。對事業的追求，這樣的目標算得上是大目標；而僅僅是滿足普通的生活，這樣的目標就只能說是小目標了。我想借用莎士比亞的一句話來說明：吃飯是為了活著？還是活著是為了吃飯？

所以，女士們，擁有一個大的目標，才是你想要取得成功的基礎。那麼，所謂大目標具體又是指什麼呢？它指的就是你要去做意義和價值比較大的事，同時需要考慮更多的人和更多的事，它不僅要求你最大範圍地解決問題，而且要求你能在最大的空間和時間裡產生重大的影響。

很多成功人士都是因為心中有了那樣的大目標，所以最終才能獲得成功，「A世界」農產品公司的董事長沙娜．馬科瑞斯就是一個典型的代表。沙娜女士可是美國少有的女性企業家，她談論自己如何取得如此成就的時候，坦承訂立了遠大的目標並且努力去完成是自己取得成功最重要的原因。

大家對農產品市場的狀況一直都不能做出正確的估計，很多人都認為這是一個永遠只能靠天吃飯的行業，但沙娜女士偏偏就不信邪，她給自己訂了一個目標，她要研發出一種能直接影響消費者購買行為的新型農產品。

沙娜可不是因為一時頭腦發昏而訂下這個目標的，她是經過很長時間的實地考察、資料查閱、思考研究後才做的決定。沙娜認為農產品和其他行業在本質上並沒有多大區別，當市場處於低迷狀態時，只有獨特的新產品才能站穩腳步。所以，當別人賣番茄、馬鈴薯的時候，自己就不能跟著賣，因為這樣整個市場就會出現供大於求的狀況，想要獲利簡直就是天方夜譚。正因為這樣，所以沙娜將目標定位於調整市場，她想依靠產品的獨特性來打開市場，她相信這樣能創造更多機會。

沙娜女士和她的同伴們經過嚴謹的研究討論後決定，要培育出一種從外形到風味都很獨特的新品種，這樣的產品無論在零售商店還是批發市場，一定都能有很好的銷售結果。最後，一種名為「皇家紅甜椒」的新品種誕生了，這種長形葉式的甜椒剛剛上市就取得了成功，而沙娜女士也實現了自己預訂的目標。

女士們，當你們擁有一個理想的目標時，就一定會為它努力奮鬥。在這個奮鬥的過程中，不但充實了你自己，也因為是你自己喜歡的事，所以就算遇到困難、挫折，也會想盡一切辦法克服它，你可以在這樣的過程中體會到無窮的人生樂趣，也讓自己的生活從此變得充滿激情。

女士們，想要擺脫過去渾渾噩噩、平凡度日的生活方式嗎？那就請開始養成訂目標的習慣，因為當你為自己的事業和人生制訂出一個個成功計畫，並通過努力去實現它們的時候，不管結果成功與否，你都會驚奇地發現，自己已經不再是那個平平淡淡的人了。這時成功對你來說也許就沒有那麼重要了，因為這時的你已經取得了過去未曾想到過的好成績。女士們，這就是目標對你人生的重要性，至於訂好目標之後的努力，那又是後話了。

莎士比亞、貝多芬、達文西，這些給我們留下寶貴財富的偉人們，人們之所以對他們充滿熱愛，並不是因為他們為世人留下了一些東西，而是因為他們一直擁有遠大的目標。所有人都十分景仰那些目標遠大的人，而這就是目標的魅力和威力，它不僅給人帶來非凡的成功，給人帶來創造的靈感，更使得人們因此取得偉大的成就。

全美家庭保健協會的主席沃克醫生曾發給每位協會成員一份問卷，請他們寫出他們認為百歲老人的共同特點。很多醫生都選擇了諸如健康的飲食、合理的運動、戒菸少酒等內容，沃克醫生為此親自對十幾名百歲以上的老人進行調查研究，當沃克醫生公佈他的調查結果時，所有的醫生都感到很驚訝。原來，這些人長壽的原因其實和飲食、運動沒有什麼大的關係，他們的共同特點都是有一種對未來的期待，也就是我們所說的人生目標。

我並不是想要告訴女士們，你的心中有了目標就可以長命百歲這樣的道理，我想說的是目標能夠增加你成功的機會，一個人如果漫無目的地度過自己的一生，那我可以肯定他最終會一事無成。美國著名的商業家畢尼斯誇下過這樣的海口：「給我一個有遠大目標的員工，我有信心把他塑造成一個可以改寫歷史的人；但假如你給我的是一個沒有目標的員工，那我只能把他培養成一個合格的員工。」

畢尼斯的話是否誇張了，在這裡我們就不討論了。我對這句話的理解是：目標對於一個組織和團體來說是很重要的，對組織和團體內的每個人來說也同樣重要。一個成功的企業，它的員工往往也是充滿激情的，一個沒有充滿熱情員工的企業是很難發展下去的。道理很簡單，我們也不能說那些沒有熱情的人就是不敬業，只是因為他們每天只知道按時、按量地完成屬於自己的工作，他們沒有目標，所以無從談起熱情，企業就更談不上發展了。

同樣的道理，一個企業中所有成員心中如果有一個共同目標的話，大家就一定會士氣高漲，為了這個共同的目標去奮鬥。因為有了目標，大家就知道自己應該做什麼了，想法變得更加具體，當然也就更容易實現了。當一個人明確知道自己要做什麼的時候，他做起事來就會顯得更踏實。

希拉爾．貝洛克曾經說過：「人人都為自己的未來編織過一個美好的夢境，而如果你時時為這個夢感到後悔的話，那麼你手中僅有的『現在』也將悄悄溜走。」目標對每個人來說，不僅是為自己的將來設計好了藍圖，更讓自己擁有了把握現在的力量。所以，女士們，當你能夠把精力全部集中在眼前的工作，且心中明確知道現在所有的努力都是為將來的目標鋪路的話，那麼你就很容易獲得成功。

女士們，有了目標就有努力的方向，有了方向你們才能成功。讓我們用道格拉斯·列頓的話來結束這篇文章：「要想實現你的願望，那麼你首先要搞清楚你的願望到底是什麼。當你明白自己追求的是什麼之後，你就已經為你的人生做出了最重大的選擇。」

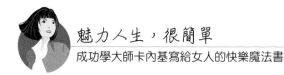

職場麗人與上司的相處之道

女士們，在你們進入職場之後，面臨的第一個也是最重要的一個問題是什麼呢？我想那應該是學會如何和你的上司相處。在職場上如果不能和上司和諧相處，不僅你以後的工作很難展開，甚至會斷送你得來不易的工作。

韋妮娜又辭職了，這次的原因是她實在受不了那個驕橫跋扈的上司，雖然只做了三天，她還是毅然選擇了離開。原來，這是一個很有前途的大公司，美中不足的是老闆是個脾氣暴躁的人，經常會對著員工發火。不過大家也都知道，老闆是那種有口無心的人，也不是真的想和誰過不去，所以大家往往都會選擇吞忍，但韋妮娜覺得自己不能忍受這種「屈辱」，她認為，自己是來工作的，可不是來被人侮辱的，這也是她經常辭職的原因。她常在想，為什麼現在的老闆脾氣都這麼大，這真讓她受不了。

韋妮娜後來有沒有找到一份比這更好的工作，且是否能有一個讓她滿意的老闆我不知道，我只知道她這次確實是浪費了一個很好的機會。這家公司前途不錯我們先不說，最主要的是韋妮娜是以自己的標準來要求上司，這樣能讓她滿意的工作可不好找。所以，女士們，在職場上學會與上司和諧相處是一件很重要的事情。

當然了，要和上司和諧相處也並不是一件容易的事。每個人都有自己的性格，個性不同，想法也就不同。特別是當你遇見一個想法和你完全相反的上司，這樣的情況是完全有可能遇到的，這時你該怎麼辦？如果你處理不好，你們就很容易產生衝突，從而影響你與上司之間的關係。所以，當你遇見這樣的上司時，千萬不要置之不理或是乾脆憤然離去，這可是很不明智的做法。聰明的女士在遇到這種情況時，往往會想辦法儘快讓自己去適應上司。

我想女士們都知道，給上司留下一個好的第一印象，無疑會有助於你日後和上司相處，所以女士們一定要把握好和上司第一次見面的機會。你一定要做好充足的準備，知道自己在和上司交談時應該找什麼樣的話題，最好能找一些讓他感興趣的事情，這樣就能避免你們在談話的過程中出現尷尬的局面，也就會給上司留下一個好印象了。

我的侄女辛蒂斯就在第一次面試時因為沒有做好這方面的準備而被刷下來了。本來以她的能力完全可以勝任那份工作的，第一輪的面試很成功，可當她見到那家公司的高層主管時，因為有一些緊張，加上對上司所談的問題一無所知，使得上司對她的印象大打折扣。

所以，女士們，和上司見面之前，一定要想好上司可能感興趣的話題是什麼，應該怎樣和上司談論那些話題。而且，我勸你最好不要談論過多的話題，一定要有重點，當你的上司離題的時候，你應該巧妙地想辦法把話題拉回你想談的重點上，讓上司看出你是一個有能力並且懂得如何與人相處的人。你應該抓住這次機會充分地表現自己，畢竟，所有的上司都希望得到一個精明能幹的員工。

當然了，女士們，你也別因此就一股腦地把自己的問題全部拋出去，要知道，第一次見面的機會非常有助於你對上司有一個大致的瞭解，你可以瞭解到上司的外貌、氣質、言談舉止及風度等。與此同時，你在與上司交談的過程中，還可以試探性地問一下上司，看他對你有什麼期望和要求。這樣一來，你們就可以有備無患，避免在以後的工作中不知所措。

女士們，想要適應上司，首先你就得瞭解他，你要對他進行研究，只有當你對他的情況愈了解，你才能想出合適的應對策略，也就是所謂的知己知彼、百戰不殆。

有了第一次見面，你就可以開始對上司進行深入的瞭解。這不是指簡單地知道上司的名字，或者是通過一份資料或一本書來瞭解他，我的意思是想讓女士們發動各種關係，最好從上司身邊的人入手，通過你能找到的各種管道來獲得和上司有關的資訊，然後，讓自己對上司有一個比較全面的瞭解。

薩拉就是一個很聰明的女性，進公司不到三個月，她就成為上司身邊的紅人，而這一切無疑要歸功於她的「聰明才智」。剛進公司，薩拉就知道想要有一個好前途，就必須和上司搞好關係，可她只是一個小小的職員，和上司接觸的機會不多，如果貿然行動，說不定反而會給自己招來麻煩，所以，她開始留心身邊的人。經過一段時間的觀察，她發現設計部的一個同事是上司的親戚，不過顯然知道這件事的人不多。她沒有聲張，而是開始接近那個同事，並且裝著自己什麼也不知道。不久，在取得這個同事的信任以後，她就從她口中得知了許多有關上司的資訊。

當然了，女士們，你們在收集有關上司的信息時，一定要有所選擇，千萬不要胡亂地將所有和上司有關的資訊全部都找來，因為那樣很容易讓你聰明反被聰明誤。那麼，究竟需要知道哪些資訊呢？

我個人認為，你最需要知道的就是上司的人格和處世哲學，因為這兩樣東西直接影響到他的做事風格和行為習慣。通過對這些資訊的瞭解，你就能清楚地知道日後的工作中該注意哪些問題或是該回避哪些問題。更重要的是，你也就能明白上司為什麼會有這樣或是那樣的習慣和做事風格了，當然就更能理解他了。

當你能理解你的上司，無疑就會增加上司對你的好感，也就能得到上司的肯定。

我做過統計，到目前為止，我大約採訪過三百多名領導人物。前不久，我把這些資料進行整理分析，把各種類型的上司們也進行了分門別類。在這裡，我把統計的結果告訴你們，希望能提供你們一點借鑒意義。

第一種：喜怒無常型

這類型的上司往往十分情緒化，喜怒無常，使得下屬不知如何是好。他們在性格上十分敏感，非常在意別人對他們的看法。其實，這類人往往是心地善良的，只不過由於難以控制自己的情緒才讓人覺得不知所措。所以，在與他們相處時一定要學會察言觀色，當他們高興的時候，不妨和他們開一下玩笑甚至提出要求，可是，如果他們的心情很糟，最好少惹他們為妙。

第二種：外表冷漠型

這類型的上司外表冷若冰霜，往往給人不可親近的感覺，但其實他們的內心是極其熱情的。所以，當遇到這類上司時一定要大膽主動地和他們接觸，用你的真情融化他冷酷的外表，千萬不要被他的外表嚇退。

第三種：心計頗深型

這類型的上司無論對誰總是笑臉相迎，讓人覺得很親切，他們從來不會對誰發脾氣，女士們常常會被他們的表象所迷惑。對於這類上司可千萬要小心，他們往往都是笑裡藏刀，別哪天被笑著請出了公司都不知道自己到底做錯了什麼。

第四種：急躁型

這類型的上司思想非常激進，以效率作為衡量一切的標準。他們喜歡做事積極上進的員工，那些雷厲風行、風風火火、精明能幹的部屬是他們最欣賞的，如果做事拖拖拉拉、慢條斯理，成天萎靡不振，很容易招致他們的反感。記住，面對這種上司，就算犯錯也不要慢動作。

第五種：權威型

這類型的上司希望得到下屬的認可，有著強烈的自尊。他們最欣賞的員工是那些十分佩服自己，總是謙虛地向他請教的人，說的再明白一點就是那些喜歡恭維他的人，他們最熱衷的事就是時時刻刻教育自己的下屬，從而滿足他們的虛榮心。面對這種上司，首先要考慮的不是如何做好你的工作，而是如何滿足上司的虛榮心理。

很多女士總是抱怨，為什麼那些沒有能力也不出色的人總是得到提升，而自己卻永遠得不到機會？其實，很多時候就是因為那些人知道自己的上司到底是什麼個性，他們懂得對症下藥，結果當然就會事半功倍。

好好處理女同事的嫉妒

女性之間經常存在著嫉妒，在職場中也不例外。能引起女同事間互相嫉妒的範圍很廣，包括職位、工作能力、上司的賞識、外貌、衣著乃至家庭狀況，特別對於一個在職場中非常出眾的女人，一定更會時刻感受到來自身邊同性的嫉妒。

雖然嫉妒看似不會給女士們帶來直接的危害，但卻難免會為以後的失利埋下隱患。所以，女士們，當你遭到妒忌，特別是來自辦公室女同事的妒忌時，一定不要立刻還擊或置之不理，你要學會巧妙地應付她們的嫉妒，甚至讓她們發自內心地喜歡你，成為你的朋友。

愛美是人的天性，更是女人的天性，女人們天生對美就有很執著的追求，所以，一個女人最容易引起同性嫉妒的地方就是外在的美貌。你的女同事們也許能容忍你的職位比她高、薪水比她多、能力比她強，但你的美麗她是不能容忍的。當你成為辦公室焦點的同時，往往也就成了女同事們的公敵。不能否認，外貌、儀表、風度確實在很大程度上影響著你能不能找到一份好工作，但女人們幾乎無一例外地都對長相比自己漂亮、穿著比自己迷人的女人懷有「敵意」，而辦公室正好又是一個充滿暗地較量的地方，妒忌之風就更加容易滋長了，在這樣的情況下一起工作，實在有些讓人不好受。

麗莎第一天上班為了給大家留下一個好印象，因此好好打扮了一番，淡妝，漂亮的連衣裙，再加上天生麗質，活脫脫一個美人胚子，看著鏡子裡的自己，麗莎滿意地笑笑，心想一定可以很快融入辦公室的生活，可事情好像並沒有按照她的想法發展。到了辦公室以後，大家確實被她迷人的打扮吸引了，不過隨後的狀況是她怎麼也沒有想到的。男同事們對她倒是特別熱情，可是辦公室的女同事們沒有一個搭理她的，好像還對她充滿了敵意，甚至有個女同事故意大聲地說：「是來上班還是來選美？走錯地方了吧？第一天上班就打扮得這麼漂亮，有什麼用，工作是靠能力的，不要以為打扮得漂亮就能引起老闆的注意。」麗莎覺得很委屈，她已經很努力地討好每個人了，而且她從來沒有這樣想過。

很明顯，所有問題的癥結就出在麗莎的「漂亮」上。在她找到我之後，我告訴她：「麗莎，上班第一天把自己打扮得漂亮一點這沒有錯，可是你這樣很容易讓其他女同事感到自卑，所以她們就對你有意見。看得出來，你對穿衣打扮很有品味，如果你把經驗跟大家一起分享的話，這樣的現象會有所改變的。」

麗莎接受了我的建議，隔天上班時她穿了一件比較素淨的衣服，而且一進辦公室就主動和其他女同事打招呼，接著就和大家聊起自己穿搭衣服和化妝的技巧，她也把一些小竅門告訴了大家，這一招果然有效，那些女同事個個都聽得津津有味，紛紛向麗莎提出問題，並希望麗莎以後能多教她們這方面的知識。現在，大家不僅不再嫉妒麗莎，還經常向她請教一些關於穿著打扮的問題，她已經成了辦公室裡最受歡迎的人。

雖然女性很容易對同性的美產生嫉妒，但她們更渴望得到對方的讚美。如果你的「美」讓同事產生嫉妒，那麼不妨忍痛割愛，將自己的美「分出」一部分給對方。這也正是運用了人性的自然心理，這樣一來，你一定可以獲得同事的好感，從而拉近與她們的距離。

解決了「美」的問題，接下來最容易惹同性嫉妒的恐怕就是女士們在工作中所取得的成就了。這種妒忌心理其實也是人之常情，大家都是同事，一樣的辦公室，一樣的工作，當你的薪水比她高，或者是你被晉升了，她能不嫉妒嗎？特別是那些年齡比你大，入行比你早，且資歷比你深的人，她們更接受不了你這個資淺的員工得到比她好的待遇，在她看來，那些東西應該都是她的，你一定是通過什麼特殊管道才得到的。

面對這種情況女士們通常會以兩種方式來回應，一則是非常生氣，因為覺得自己是憑藉努力才取得今天的成績，所以就同樣以憤怒、不滿來回應對方；還有一些女性雖然也對這種嫉妒非常厭惡，但覺得畢竟在一個辦公室，若惹不起就躲起來，所以決定採用沉默來回應。其實，這兩種方法都不是好方法，我們還是來聽聽專家的意見。

加州大學心理學教授盧克爾斯．龐德是這樣解釋嫉妒的：「嫉妒其實是一種很可憐的心理，擁有這種心理的人往往是因為『自己的東西』被別人搶走了，所以內心感到很失落，進而產生嫉妒。」當人們問他應該如何應對嫉妒時，他說：「其實，應對嫉妒的方法很簡單，就是找一些你不如他的地方，讓他把心思放在那上面。這樣一來，原本失衡的心理變得平衡，從而消除了嫉妒心理。」

諾麗原來只是一家百貨公司的銷售員，因為她處事純熟，為人也熱情大方，所以不僅和同事們處得很好，更得到了老闆的賞識。一次偶然的機會，她被提拔為部門經理。本來這是一件好事，但諾麗卻高興不起來，因為她發現自從她升遷以後，以前那些處得很好的同事都慢慢疏遠她了。

剛開始，諾麗還安慰自己是因為當了經理，所以才和同仁產生差距，大家並不是故意疏遠她的，可一次無意中聽到兩個同事的談話以後，諾麗才知道事情的嚴重性。「諾麗進來也不過兩年，她憑什麼當經理，比她資歷深的人多了，真是讓人想不通，老闆怎麼這麼器重她。」「憑什麼？哼，能憑什麼啊，就憑人家年輕漂亮啊！」諾麗聽後很委屈，也很難過，沒想到大家對她的誤會已經到這樣的地步，這是她最不願意看到的局面。

不過，聰明的諾麗既沒有選擇反擊，也沒有選擇沉默，她想到一個兩全其美的辦法。第二天，諾麗就召集大家開了一個會，會上她對大家最近的工作給予了表揚、肯定，也感謝大家對她的支持。雖然諾麗看得出來同事們根本沒有領她的情，臉上更是充滿了不屑和不信任，大家都覺得她是假惺惺；她接著說：「大家一定以為我現在過得很快樂吧？其實不是你們想的那樣。大家可能都不相信，但我說的是真的，如果老闆肯給我一次機會，我寧願回到原來的職位上。你們知道嗎？原來我也可以和你們一樣，每天下班以後就回家和丈夫、孩子一起享受天倫之樂，可是自從當上經理以後，我不僅每天要加班到很晚，回家以後還要接受丈夫的白眼，他根本不理解我現在的工作，真的，那樣的苦惱你們真的不能體會。雖然我看起來是風光了，可是卻要承受很大的壓力，我現在脾氣變得很暴躁，而且經常失眠，每天都要和丈夫爭吵，我真的很累。」大家也許都能體會諾麗沒有說謊，畢竟都是女人，那樣的感受大家還是能理解的，所以同事們心中不由得對她產生同情。

自從那次會議以後，諾麗發現同事們真的改變了對她的態度，慢慢都恢復到了以前的樣子，甚至比以前更加親密，有的女同事居然還主動幫她，替她分擔一些工作。這些同事在一起聊天的內容也變成了：「諾麗真的太可憐了，和她比起來，我們幸福多了。」

女士們，這可不是在示弱，這是在打一場心理戰，你要讓那些嫉妒者感到心理上的平衡，使她們對你產生一種同情心理，從而消除她們的嫉妒心。你得讓那些嫉妒你的女同事看到你的難處，也有些地方是不如她們的，而且你還必須老老實實低調地做人，這樣就會讓她們感到心理上的平衡，從而也就不會再嫉妒你了。

我不知道女士們是否同意我的觀點，我認為所有的嫉妒都是在名和利的基礎上產生的。很多時候，一些女士之所以會招來同性同事的嫉妒，很大程度上是因為她們對自己的利益過分看重，總是在工作中追求太多的利益，使得同事們認為她們的利益被你剝奪、佔有了。

名和利的確能給你帶來一些好處，但同時帶來的煩惱一定也不少。女士們，你們想想，你取得名利之後往往會被同事們嫉妒，她們嫉妒你，但又不能說出自己的不滿，所以她們就開始疏遠你、仇視你，想盡一切辦法要看到你不如她們的樣子。時間長了，緊張的辦公室氣氛會讓你覺得身心疲憊，失去了良好的人際關係，讓你體會不到工作的樂趣。所以，我真心奉勸那些被別人妒忌的女士，希望你們不要盲目地責怪別人，而應該首先反省自己，看看自己是不是對利益過分追逐的做法在有意或無意間傷害了同事，是不是因為這個原因才使得自己處於孤立的處境？如果真是這樣，那你就得趕緊想辦法進行一些補救了。

在這裡，我還要教妳們一個應對嫉妒的小竅門，那就是滿足對方獲得名利的心理。妳不妨從自己獲得的名利中，挑選出那些微小的、對自己前途沒什麼大影響的好處，然後謙讓地將這些東西分享給其他同事。比如，當你所在的部門獲得了某一特殊榮譽時，你可別想著要將它據為己有，而是要大方地分享給每一個人。想想看，榮譽其實也沒什麼實在的意義，但卻可以滿足人的虛榮心理。

女士們，當女同事妒忌你的時候，不要慌張，更不要害怕，她嫉妒你只是說明她承認自己不如你。當然，你更不要驕傲，要找到對方嫉妒你的原因，然後對症下藥，相信聰明、智慧的你一定可以圓滿地解決這種問題。

高ＥＱ的女人容易贏得成功

女士們，如果我問你，你認為什麼樣的人最容易贏得成功，你是不是想也不想就回答：「這還用問，那些成功的人，一個比一個精，肯定是高智商的人最容易成功啊。」的確，擁有高智商確實可以讓人們在成功的道路上少走許多彎路，但它真的就是成功最主要的原因嗎？我看未必，我倒認為堅持、自信、努力、抓住機遇等才是決定一個人是否能夠成功的關鍵，而這所有條件都由人們的ＥＱ控制著。所以，真正取得成功的那些人，不一定都擁有高智商，但卻都擁有高ＥＱ。

那些高ＥＱ的女人到底又是擁有哪些素質讓她們相對容易取得成功的呢？下面我給大家分析分析，你們看看是不是這樣的。

很多女士都很情緒化，這樣的狀態不僅表現在她們的生活中，更表現在她們的工作上。她們總認為，自己沒做好這個工作是因為心情不好，她們堅信在自己心情好的時候一定能把工作做得很完美。其實，這是一種錯誤的想法，一個成熟、理智的女性總是能很好地控制自己的情緒，抓住一切機會去完成她的工作，也就是說，不是心情在影響她，而是她在影響情緒。

「當我覺得自己無法靜下心來工作時，我就會逼迫自己先寫下一段粗糙的草稿，這完全是隨性寫出來的，我也不會去做任何修飾，等到我覺得有靈感的時候就把它找出來修改，這樣的做法讓我覺得自己一直都在努力工作。我想的是，這些書稿反正也不會給別人看，我所要做的就是硬著頭皮把它寫下來，所以，不管我有什麼想法，我都一五一十地把它寫下來。如果以後我覺得這些不好，可以動手修改一下，而且在做這些事的時候，我也在不停的進步。」這段話出自著名小說家海倫・波特的自傳。

海倫女士在自己情緒低落的時候依然逼迫自己寫作，理智戰勝了感性，這也正是她成功的原因，我認為海倫女士的做法很值得大家借鑒。的確，你們認為在情緒不好的時候就不能做事，因為這時候做出的事情一定是最糟糕的。這樣的想法我也同意，但為什麼不學海倫那樣，把這些不成熟的、不完備的、很粗糙的想法記下來，等待以後頭腦清醒，心情愉快的時候再去修飾、改正呢？這樣不僅讓你節省了很多時間，也讓你離成功又近了一步。更重要的是，如果你不懂得抓住任何可以嘗試的機會，那麼你就永遠也實現不了自己的目標。

高ＥＱ的女人還明白，行動固然是成功的先決條件，但能夠做到踏實肯幹，堅持到底才能取得最終的勝利，因此，她們在為自己的目標努力奮鬥時，願意一點點地付出、一步步地前進，當遇到挫折和失敗時，她們會付之一笑，然後對自己說：「沒關係，我還有機會。」正是在這種思想的支持下，才使得那些女士取得了最終的成功。每一個大目標都是由若干個小目標組成的，而這些小目標的實現需要一步一步慢慢來，就像我們學習和成長也是相當緩慢的一樣，取得成功也是一個需要積累的過程。

高ＥＱ的女人還有一個很好的習慣，就是具有很強的時間觀念。她們絕對不會浪費時間去做一些無聊的事，她們知道自己的時間有多麼寶貴，她們的每一分鐘都有很多事要去做。高ＥＱ的女人更知道，只有不斷地充實才能提高自己的能力，從而取得最終的成功，她們不斷地學習，且總是嚴格要求自己珍惜每一分鐘。

「一個女人要想取得成功，肯定比一個男人得付出的多很多，最基本的前提就是她們心中要擁有堅定的目標，而且要堅持不懈地朝著目標努力，並且一刻也不能歇息。擁有了這些基本前提，還需要我們為之付出巨大的努力。」這是被稱為投資界第一女奇才的埃娃·彼得克對想要成功的女人說的話。

著名的專欄女作家艾默麗・巴勒克也曾發表文章說：「我們經常會聽到一些關於神童的故事，但他們中最後能取得成功的少之又少，因為他們很少會知道自己其實也需要付出努力。一個女人要想獲得成功，就必須經過不懈的努力和拼搏。你也許不是人群中最聰明的人，但你一定要是最具熱忱且最頑強的人。我認為，智商並不能說明什麼，成功的關鍵還是要靠後天的努力。」

女士們，的確是這樣，不管你想得到什麼，首先你得學會付出，成功更不例外。成功一直青睞那些把自己的熱情、精力、時間全都投入到事業之中的人，也只有那樣的人，才有可能打拼出一片天地。

記得在採訪洛克菲勒先生時，我問他，你認為決定成功的要素有哪些？洛克菲勒說：「這是一個僅靠簡單的幾句話難以說清楚的問題，因為，決定成功的因素實在是太多了，但是對任何人來說，抓住機會永遠都是最關鍵的。你有目標了，你努力了，你有好計畫了，你也堅持不懈了，可是機遇來臨時你猶豫了，那麼無疑會讓你每次都與成功擦肩而過。」

很多女士害怕失敗，害怕輸得一無所有，在機會來臨時總顯得有些膽怯。不要說是女人了，很多男人在遇到相似的情況時，也不知道自己到底該怎麼做。我也承認，機遇總是存在著風險因素的，但換個角度想，它同樣也會讓人們取得成功，而且也正是這樣，才不是每個人都能輕易獲得成功。那些具有高ＥＱ的女士在機遇面前從不猶豫，因為她們知道一旦錯過最佳的時機，那麼想獲得成功將變得非常困難。高ＥＱ的女人們不僅善於抓住機遇，更善於發現機遇、創造機遇，她們敢於放手一搏，在她們的眼裡沒有「不可能」這三個字。

高ＥＱ的女士們之所以那麼有自信，那麼大膽，這離不開她們積極的心態。是的，積極的心態是高ＥＱ女士們特有的，也正是因為有這些特質，使她們在成功的道路上永不退縮。

麗莎有過三次失敗的創業經驗，她前後開過花店、雜貨店和服飾店，不過很遺憾，每一次都以失敗收場。不過高ＥＱ的麗莎從來沒有因此就想過放棄，她總是對朋友開玩笑：「失敗是成功之母，母親都有一大堆了，我還怕沒一個孩子嗎？」她在日記本上寫著鼓勵自己的話：「雖然失敗了，但我知道我還沒垮掉，太陽今天落下了，明天還是會照常升起來，我依然可以重新振作起來。我不能讓自己的生活有消沉的時候，活著就有希望，我要更努力，一定會好起來的，麵包會有的，牛奶也會有的。」

麗莎就是在這種積極向上的心態影響暗示下，開始了第四次創業，最後，終於取得了成功。如今，她已經是紐約一家大型超市的董事了。

高EQ的女人不僅有積極向上的心態，她們還會時時刻刻給自己積極的心理暗示，也正是這樣的暗示使得她們總是以最飽滿的狀態面對各種挑戰。

我的朋友羅琳醫生是一名精神病學方面的專家，她曾成功地幫助一名嚴重的精神病患者取得「成功」。

那個病人叫保羅，三十年來，他每天都坐在椅子上一動不動，從未做過其他事情。羅琳告訴保羅，她打算實行一種獎懲制度的治療方法來幫助他，如果保羅的行為是健康的，就會得到稱讚，如果他的行為是病態的，就會得到否定。羅琳對我說：「我知道這是一場轉變的戰鬥，我試圖讓他動一下嘴，哪怕是一小下，可他就是不肯。這時，我總是會把頭轉過去幾秒鐘，給他最嚴厲的懲罰，不理他。然後，我會再要求他動一下嘴巴，然後在他做到後高興地對他大加讚揚。就這樣，經過一個月的努力，保羅終於在這種積極的暗示下發生了變化，現在他已經可以大聲朗讀書報了。」

肯定的力量真是不可思議，我想，保羅這樣的情況都可以在積極的心理暗示作用下獲得成功，那麼妳們一定也能做到。所以女士們，你們要經常對自己的行為做出肯定，哪怕是很微小的肯定，也會對你產生很大的作用。

高EQ的女人們往往還都是處理人際關係的高手，這是一個大家公認的事實。女士們，你必須承認沒有一個人可以在沒有任何人幫助的情況下獲得成功，而且就算獲得了成功，那種成功好像也沒什麼意義。人和人之間總是有著必要的聯繫，一個人的成功就是在很多人幫助的基礎上實現的，所以，我們說人際關係對於成功至關重要。

安德魯．卡內基曾經對我說：「戴爾，你是知道的，其實我對鋼鐵行業並不是十分瞭解，我之所以能有今天的成績，和我的員工以及很多鋼鐵界的高手朋友們有著密不可分的關係，正是他們將我推向了成功的巔峰。我和我的那些朋友們相處得很融洽，我從來不會吝嗇我的讚美和感激以及我的微笑。對於我的員工，我也相信，如果我只是他們的老闆而不是朋友的話，我也絕對不會有今天的成就。」

女士們，如果你渴望成功，那你還在猶豫什麼呢？既然知道一個高EQ的女人容易贏得成功，那為什麼還不趕快去培養自己擁有高EQ應具備的種種素質，讓自己的生命大放光彩呢？

在辦公室做人做事都要有分寸

前不久，我在一本雜誌上看到一篇名為《如何在職場站穩腳跟》的文章，這是美國一家權威職業分析機構發表的。我清楚記得裡面的一段話：「在職場中總不受歡迎的莫過於那些沒有『分寸』的人，他們懶散、張狂、任性、自負，總之在他們身上可以找到所有職場中的禁忌，這些不受歡迎、讓人討厭的人，不管在哪裡都不可能成功。」

我認為這幾句話很有道理，因為在現實生活中，職場上那些不能把握好分寸的人確實很讓人生厭，而這裡所說的「分寸」，我認為就是指說話辦事應掌握的尺度。

女士們，我想你們也知道這個道理，一個能力再強的人，如果不能讓別人喜歡他，那麼想在職場取得一定的成就簡直是天方夜譚。這個道理也是簡單明瞭的，我前面也提過，每個人的成功都不可能是孤立的，總是會和這樣或那樣一些人有著某種聯繫。當你不能讓別人接受，甚至讓別人討厭你，那麼就相當於自己切斷了一條條通向成功的道路，最後等待你的只能是失敗。

今天可是紐約貿易公司一個重要的日子，因為一個來自英國的大客戶要來公司參觀。這可不是一般形式上的參觀，如果這個客戶參觀的結果很滿意的話，公司就能馬上簽到一大筆訂單，這個交易如果成功了，給公司帶來的利益那可就非常可觀了。所以，這次非同一般的參觀受到了高層極大重視，總經理決定親自陪同客戶參觀。

就在總經理卡倫先生帶著客戶在銷售部參觀時，尷尬的事發生了。大門突然被推開，隨即一個高亢的女聲傳來：「總經理，前幾天你明明告訴我，這個月我的獎金會多一些，可是現在，我的獎金卻一點都沒增加，我真不明白，堂堂一個總經理為什麼要欺騙我這樣一個小職員？你不覺得你應該給我一個合理的解釋嗎？」剛才還滿臉笑容的總經理臉色顯得有些難看了，他強忍著怒火說：「親愛的朵拉女士，你難道沒看見我正在陪客人參觀嗎？這件事可能是財政部門弄錯了，我們一會兒再說，我現在有更重要的事要做。」

朵拉並沒有識趣地離開，反而覺得有外人在，更是給自己拿獎金的事添加了一重保障。於是，她更大聲地說：「怎麼？總經理，你怕客人知道你是一個不守信用的人嗎？我本來不打算這樣做的，只是你真的太過分了，我只是在為自己爭取正當的權利。」總經理的臉已經氣得發紫了，但還是忍住了怒火說道：「朵拉女士，明天一定會給你發獎金的！」

朵拉高興得像一個勝利者一樣離開了，她絲毫沒有覺得不對的地方，反而覺得自己實在太聰明了。第二天，總經理把朵拉叫到辦公室，他遞給朵拉兩個信封，一個裝著朵拉的獎金和她這幾天的工資，另一個裝著朵拉的辭退信，總經理一句多餘的話也沒有，就請朵拉離開了。

「你知道嗎？卡內基先生，我當時覺得委屈極了。」從公司出來以後，我對著門口大聲喊道：「這家公司的總經理是個小肚雞腸的人，根本聽不進別人的意見。當時真是狠狠出了一口惡氣！」我看著朵拉滿臉驕傲、勝利的神情，忍不住開口說：「朵拉，你覺得你這樣做對嗎？你覺得自己被辭退完全是因為你的總經理小肚雞腸嗎？」朵拉很驚訝地說：「難道不是嗎？卡內基先生？他難道不是這樣嗎？他就是記恨我向他討要那份獎金，所以才辭退我的。」我搖搖頭說道：「朵拉女士，其實我認為你真的不應該這樣做，你去討回自己應得的獎金當然沒錯，可是你不該用那樣的方式和總經理說話，更不該在那個時間去說那樣的話。我相信，如果你在一個恰當的時機去和總經理談論這件事的話，他肯定不會這樣的。正因為你的魯莽，才讓你失去了這份工作。」

我想，如果我是那位總經理，也會做出相同的決定。當然，我必須澄清我的立場，朵拉女士去找總經理要回自己應得的酬勞並沒有錯，但她不該在總經理陪同客人時提出這種要求，更不該用那樣激烈的言詞來維護自己的權利。朵拉女士這種行為是最典型說話做事沒有尺度、不知道分寸，這在職場上是很忌諱的事情。

像朵拉那樣的女士在職場中並不少見，她們身上有一個共同的特點：任性、以自我為中心。這些任性的女士說話從不經過認真思考，做事也全憑著性子來，在她們眼裡，只要自己認為對的，就絕對不會錯。但我們都知道，這樣的人在生活中往往不受歡迎，更何況工作不等同於平常的生活，它可比生活更現實更殘酷。只要你投入職場，勢必就會受到各種各樣的約束，而且你必須接受這些約束，但那些任性的女士卻忽視了這些約束，甚至還喜歡去挑戰這些約束。

有一位平日裡就習慣我行我素的女士，她從不考慮別人，投入職場後這種性格依然沒有任何改變，她對同事從不注意自己的言行舉止，經常會無意中傷到別人的自尊，就連上司也不能倖免；她對公司的制度也是完全沒有概念，她覺得自己有理由，就隨時給自己放假。大家對她都不是很滿意，可她從不放在心上，她覺得那是別人的事，和她無關。結果，大家都慢慢疏遠她，上司對她的意見也越來越多，最後，她「成功」地失去了工作。她後來又找了幾份工作，但依舊保持那樣的性格，所以沒有一份工作能夠長久。

女士們，生活中說話、做事嚴守分際是非常重要的，職場上更是如此。每個人都有自己獨特的個性，你的標準和別人的標準肯定會有差異，而有了差異衝突就在所難免，不過幸好聰明的人類已經根據這樣的情況形成了一種標準，而這種標準就是我所說的「度」，因為這個「度」是大家一致討論通過的，所以它能普遍被大家接受，當你想要在職場中遊刃有餘，就必須遵循這個公共標準。假如你的行為超出了這個標準，說話做事失了尺度，那麼勢必會招來別人的反感，使自己陷入孤立無援的境地。

前面所說的朵拉女士就是一個無「度」的典型例子。其實，在現實生活中，說話做事沒分寸還有很多種，艾迪女士也算是一個代表。

艾迪女士為人不錯，平時和大家相處得也挺好，美中不足的就是她這人有一個致命的缺點，情緒特別容易激動，且一激動起來就會做出一些不顧後果的事。

那天，她和一個同事因為一點小事發生了爭執，因為確實是那位同事不對，艾迪越吵越覺得委屈，最後，她當著所有同事的面大聲說：「你記住，我們之間再也沒什麼好說的了，從今天開始，我們沒有任何關係，誰也不許再理對方。如果誰違背這個誓約，那麼就一定會受到上帝的懲罰。」

當時，大家都覺得這話說得太重了，都勸她不要這樣。可是正在氣頭上的艾迪根本不聽勸，還把剛才那些話重複了一遍。大家覺得沒趣，也就沒再說什麼。她和那位同事從此就真的沒再說過一句話。

可畢竟是在一起工作，日常的接觸總是免不了，更何況還是一個團隊。但固執的艾迪覺得自己發了毒誓，所以一定要遵守。某次，上司給了個任務，剛好要求她們一起完成，她堅決拒與對方合作，最後任務沒完成，經理在瞭解了情況以後，以影響公司團結為由，辭退了艾迪。

這就是典型「情緒化」說話做事無度的案例，這類女士的共通點是：易衝動，說話很絕對。這在我們日常生活中也很常見，這樣做的結果往往只有一個，那就是堵住了日後化解矛盾的退路。

上面這兩個女士都是因為說話做事過了應有的「度」而犯下不可彌補的錯誤，而下面這位妮娜女士，則是因為說話做事沒到應有的「度」而犯下錯誤。女士們也許感到疑惑了，不是說不要過度嗎？怎麼又因為沒到「度」而犯了錯，這不是自相矛盾嗎？其實，這一點也不矛盾，看完妮娜的例子你就會明白了。

妮娜是個有心計且有抱負的女孩，她剛入職場時給自己定下了目標，一定要成為一名優秀的職場女性。為此，她閱讀過很多專業書籍，所以她非常清楚辦公室關係的重要性，如果她不能把辦公室關係處理好，那麼就不可能實現自己的目標。所以，她開始照著書上所教的方法去做。

書中說要關心同事，於是當有人感到有些不舒服時，她馬上買來一大堆藥，並且說：「看你，真不知道好好愛惜自己，我看著你這樣真心疼，我給你買了藥，快吃了吧，那樣就會好起來了。」當同事要去影印時，她馬上衝過去，笑呵呵地說：「為什麼不叫我一聲呢？我幫你去印，別不好意思，大家都是同事，這些小事找我就行了。」這時，經理正好路過，他對妮娜滿意地笑了笑。剛開始，大家覺得妮娜真是一個不錯的女孩，可時間一長，妮娜的行為就給人一種很做作的感覺，有的同事還覺得她是故意做給經理看的，慢慢地人家都認為妮娜不懷好意，所以都在背後叫她「虛偽的妮娜」。

妮娜的本意是好的，可是她太過於注重那些技巧性的東西了，想把書中所教的技巧全都用上，所以她把注意力過多地放在了如何說話和做事上，行為太過於謹慎和誇張，結果適得其反。坦白說，我認為這種做法比前兩者更具危害。

女士們，想在職場立於不敗，擁有良好的人際關係是一定要的，而這一切又是以拿捏好說話做事的分寸為前提，一定要讓自己的言行在那個「度」上。

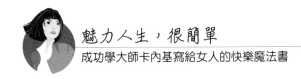

做個職場上的溝通高手

在紐約商業聯合會舉辦的一次晚宴上，我認識了一位名叫唐納德．勃蘭特的先生，他是紐約一家大型貿易公司的人事部經理，我向來對這方面比較感興趣，所以在短暫交談之後，我問起了他在人事招聘方面的經驗。他告訴我，一個公司招聘到一個不懂得如何溝通的人遠比招聘到一個能力不強的人要糟糕得多。我以前還真沒聽人說過這樣的原則，於是就問他其中的緣由。唐納德先生說：「一個公司的生命來自於團隊的力量，而一個優秀的團隊需要的是成員間良好的溝通和交流，所以一個善於溝通的人遠比一個單單有能力的人重要得多。」

唐納德先生的話很有道理。細心的女士一定發現了，現在很多企業在招聘人才時都會把「善於溝通」放在首要的位置，可見，大多數老闆寧願要一個能力雖然不高但卻善於溝通的員工，也不願意要一個與團隊格格不入的「人才」。試想一下，如果團隊中的成員不善於溝通，那麼這個團隊就會沒有凝聚力、生命力，也就沒有了活力，一個什麼「力」也沒有的團隊，想要取得成功根本是不可能的事。

紐約百貨公司的老闆克里爾・斯科納曾經直言不諱地說：「如今企業在進行人才招募時非常注重一項核心技能——能否與上司、同事和客戶順暢地進行溝通。」可見，溝通技能對於職場女士們越來越重要，所以，如果你想在職場上有所作為，那麼你首先就必須將自己打造成一名溝通高手。

所謂「溝通」，並非很多女士片面地認為只是簡單地以言語進行交流。溝通的範圍是廣泛的，不僅包括了怎樣表達自己的觀點，還包括如何傾聽他人的意見，這些技巧是多種多樣的。所以，如果妳想要成為一名溝通高手，就得努力訓練、加強自己各方面的素質才行。

「溝通」可是一門大學問，並非三言兩語就能說清的。我在這裡只能給妳們提供一些最基本的原則，但是我相信，如果妳們遵循了這些基本原則，再根據實際情況適當運用一些技巧，就可以做得很好。

凱莉因為出色的能力進入一家大型玩具公司做設計員，公司主管對凱莉的工作能力很肯定，這也是凱莉下定決心一定要好好做的最大動力。但讓人沒想到的是，凱莉上任後兩個月，經理卻突然辭退了她，當凱莉問經理原因時，經理是這樣說的：「凱莉小姐，真的很抱歉，你這兩個月來的表現的確很出色，但我們對你不是很滿意，你應該知道，一個公司最需要的不是一個出色的個人，而是一個出色的團隊。我們不想因為你而影響到公司的團隊，所以請你理解。」

原來，凱莉在這段期間與同事相處得非常不好。凱莉很驕傲，完全忘記了自己是個新人，不光是對和自己一起新進的同事指手畫腳，就連設計部在開會時，凱莉也總是以「教訓」的口氣對主任說話。不光這樣，她還經常為某一件作品和同事爭論不休，且總喜歡用命令的語氣讓對方服從她的意見。時間一長，大家都不喜歡這個驕橫跋扈的女人，經理只得「忍痛割愛」。

凱莉最大的錯誤就是在與同事相處時沒有擺對自己的位置，將自己估計得太高。事實上，不管你的能力有多強，作為一個新人，你始終是團隊的後來者，儘管其他人的能力不如你。很多女士，特別是那些剛剛步入職場的女十，都很想在最短時間內得到主管和同事的認可，我先要肯定那些女士的想法，因為這是一種上進的表現，然而，有一些女士在表達想法的時候，往往將自己的位置擺得很高，同時，為了證明自己是正確的，她們還很容易和同事發生爭吵。這樣的行為其實都是缺乏溝通能力的表現，所以，初入職場的女士們若要表達自己的想法，應該盡可能採取低調的方式，必要時還要講究一些迂迴策略。

我曾經不只一次提到，每個人都有獲得「希望具有重要性」的需求，所以女士們在和別人進行溝通時要注意考慮對方的心理，和同事溝通最好的方法就是滿足他們的這種心理需求。女士們，在工作中和別人產生不一樣的想法是很正常的，但這時候你可千萬不要爭論，因為那只會讓事情越來越糟；你應該要站在對方的角度來思考這個問題，不要以自我為中心。你要考慮到保護對方的權威性，並且充分尊重他人的意見，哪怕他的意見確實是錯的，你也沒必要強勢地讓他接受你的觀點，這是與人溝通時最大的忌諱。

每個企業，每個單位，都有各自不同的文化氛圍和管理制度，也就會產生各自不同的溝通風格，初入職場的女士們如果不能很快地融入部門的溝通風格中，那你很可能就會使自己陷入孤立的境地。

愛娃以前在一家小型百貨公司工作，後來由於公司破產倒閉，愛娃換到一家大型的電器銷售公司，雖然工作內容和以前一樣，薪水也比以前拿得多，可是愛娃卻感覺很難適應新的工作環境。三個月後，愛娃實在受不了這裡的工作環境，只好選擇辭職。

原來，愛娃先前的那家公司比較小，所以整個工作環境相對來說就很輕鬆，在那家小公司裡，同事之間幾乎無話不說，什麼話題都可以拿到辦公室來談論，而且那時和總經理溝通也十分方便，因為那家公司所有員工都直屬總經理，沒有其他中層主管，所以他們直接就可以向總經理彙報工作，但來到這家大公司以後，愛娃明顯發現同事間的交流很少，即使有，大都也和工作有關。當愛娃把昨天看過的連續劇拿來跟大家閒談時，幾乎沒有人搭理她，同事們顯得很冷漠，甚至還有人嘲諷她看那樣的電視劇，更讓愛娃受不了的是，當她有好的建議想彙報給總經理時，還必須通過那個可惡的部門經理同意。

這家公司真的有問題嗎？很明顯，它沒有任何問題，而且它的業績一直很不錯，問題是出在愛娃身上。愛娃不能接受這家公司的溝通風格，也許是工作太忙，長久以來這家公司已經形成一種「工作時間只談工作」的溝通風格，而愛娃習慣了原來那家小公司自由、散漫、大家無話不談的溝通風格，所以她不能適應新的環境。其實我想，如果愛娃能夠在工作時間多和同事們談談工作心得，然後在下班後或休息時間和同事們談一些輕鬆的話題，大家就會接納她。

至於彙報工作的事，更明顯是愛娃的錯。我想所有大公司老闆和員工直接溝通的機會都是很小的，愛娃應該積極主動地與部門經理溝通，向她說出自己的想法，並且想辦法贏得他的贊同，然後再通過他向總經理表達自己的想法。像愛娃那種想要「越級」與老闆直接溝通的想法，在大公司裡肯定是行不通的。

最後我想說的是，女士們，想要成為溝通高手，最實際的步驟還是要去做，你要學會主動和別人溝通，而不是等著別人來找你溝通，在工作中主動和別人溝通是贏得別人好感的有效辦法。不要怕出錯，更不要怕出醜，只要你去做了，你努力了，別人是看得見的，因為大家都是那樣走過來的。

我也知道，想要成功地和別人溝通不是一件容易的事，但是萬事起頭難，總要先邁出第一步才會有第二步。所以，女士們，大膽地邁出你們的第一步吧，儘管在溝通時可能遇到各種問題，但你要相信，邁出了第一步，就意味著你已經向成功走近了一點。

智慧系列A09

魅力人生，很簡單

——成功學大師卡內基寫給女人的快樂魔法書

金塊文化

作　　者：戴爾．卡內基
編　　譯：亦辛
發 行 人：王志強
總 編 輯：余素珠
美術編輯：JOHN平面設計工作室

出 版 社：金塊文化事業有限公司
地　　址：新北市新莊區立信三街35巷2號12樓
電　　話：02-2276-8940
傳　　真：02-2276-3425
E-mail：nuggetsculture@yahoo.com.tw

匯款銀行：上海商業儲蓄銀行 新莊分行（總行代號◎011）
戶　　名：金塊文化事業有限公司

總 經 銷：商流文化事業有限公司
電　　話：02-2228-8841
印　　刷：大亞彩色印刷
初版一刷：2016年1月
定　　價：新台幣230元

ISBN：978-986-91583-8-1(平裝)
如有缺頁或破損，請寄回更換
版權所有，翻印必究（Printed in Taiwan）
團體訂購另有優待，請電洽或傳真

國家圖書館出版品預行編目(CIP)資料

魅力人生,很簡單：成功學大師卡內基寫給女人的快樂魔法書
/亦辛編著. -- 初版. -- 新北市：金塊文化,2016.01
264面；15x21公分. -- (智慧系列；A09)
ISBN 978-986-91583-8-1(平裝)
1.成功法 2.生活指導 3.女性
177.2　　　104028427